José Gómez

# Piano funcional

José Gómez

# Piano funcional

## La manera mas fácil de aprender piano desde 0

JustFiction Edition

Cover image: www.ingimage.com

Publisher:
JustFiction! Edition
is a trademark of
Dodo Books Indian Ocean Ltd., member of the OmniScriptum S.R.L Publishing group
str. A.Russo 15, of. 61, Chisinau-2068, Republic of Moldova Europe
Printed at: see last page
**ISBN: 978-620-3-57547-7**

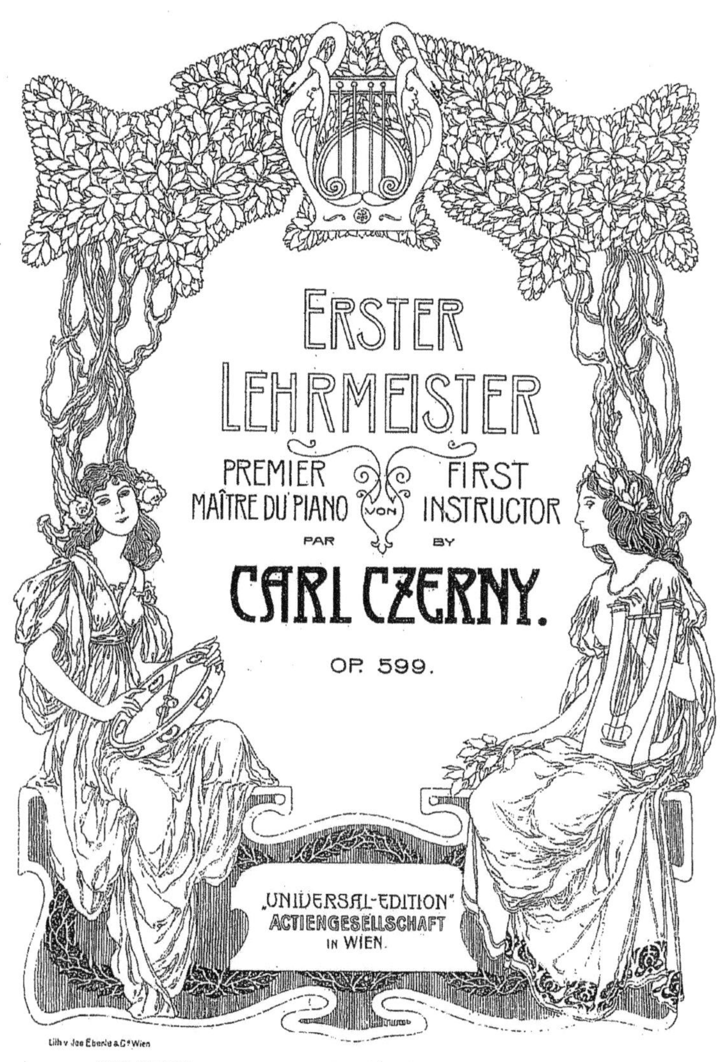


Lith. v. Jos. Eberle & Co. Wien

BUDAPEST
RÓZSAVÖLGYI ÉS TÁRSÁNÁL
POZSONY
STÁMPFEL KÁROLYNÁL

FÜR DEUTSCHLAND BEI
FRIEDRICH HOFMEISTER
LEIPZIG

SOLE AGENTS FOR
GREAT BRITAIN AND THE COLONIES
LONDON
BREITKOPF & HÄRTEL
54, GREAT MARLBOROUGH STREET W.

FRANCE et BELGIQUE avec ses COLONIES · LOUIS GREGH, 78 Rue d'Anjou PARIS.

# ERSTER LEHRMEISTER.

## LE PREMIER MAÎTRE DU PIANO. FIRST TEACHER OF THE PIANO.

Vorübungen zur Kenntnis der Noten.
*Études préliminaires pour apprendre les notes.*
Preliminary studies for the knowledge of the notes.

C. Czerny, Op. 599. Cah. I.
(1791-1857.)

1.

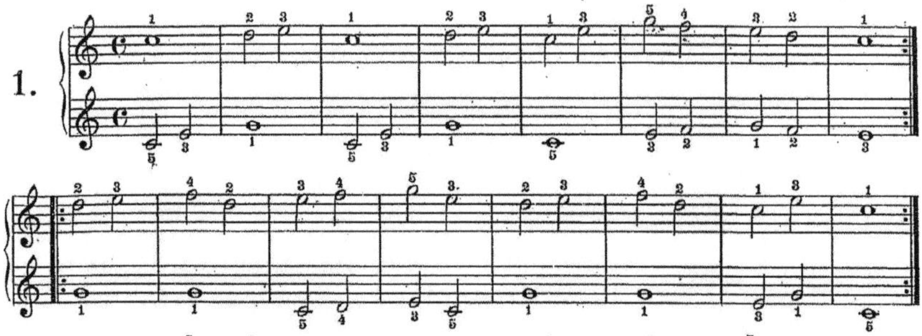

2.

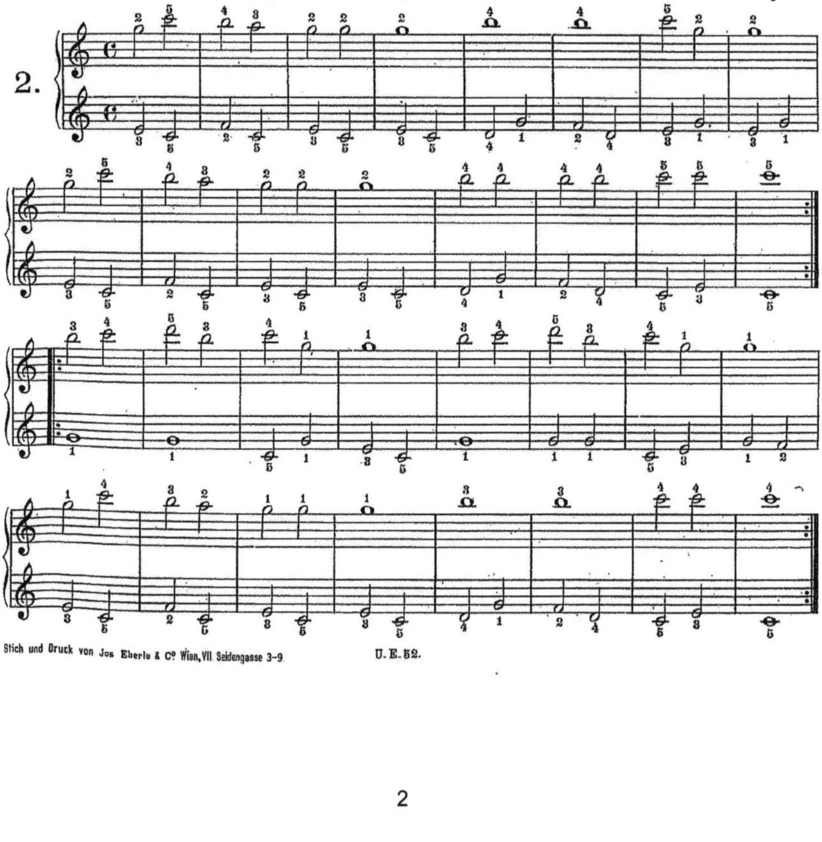

Stich und Druck von Jos. Eberle & C? Wien, VII. Seidengasse 3-9.

U. E. 52.

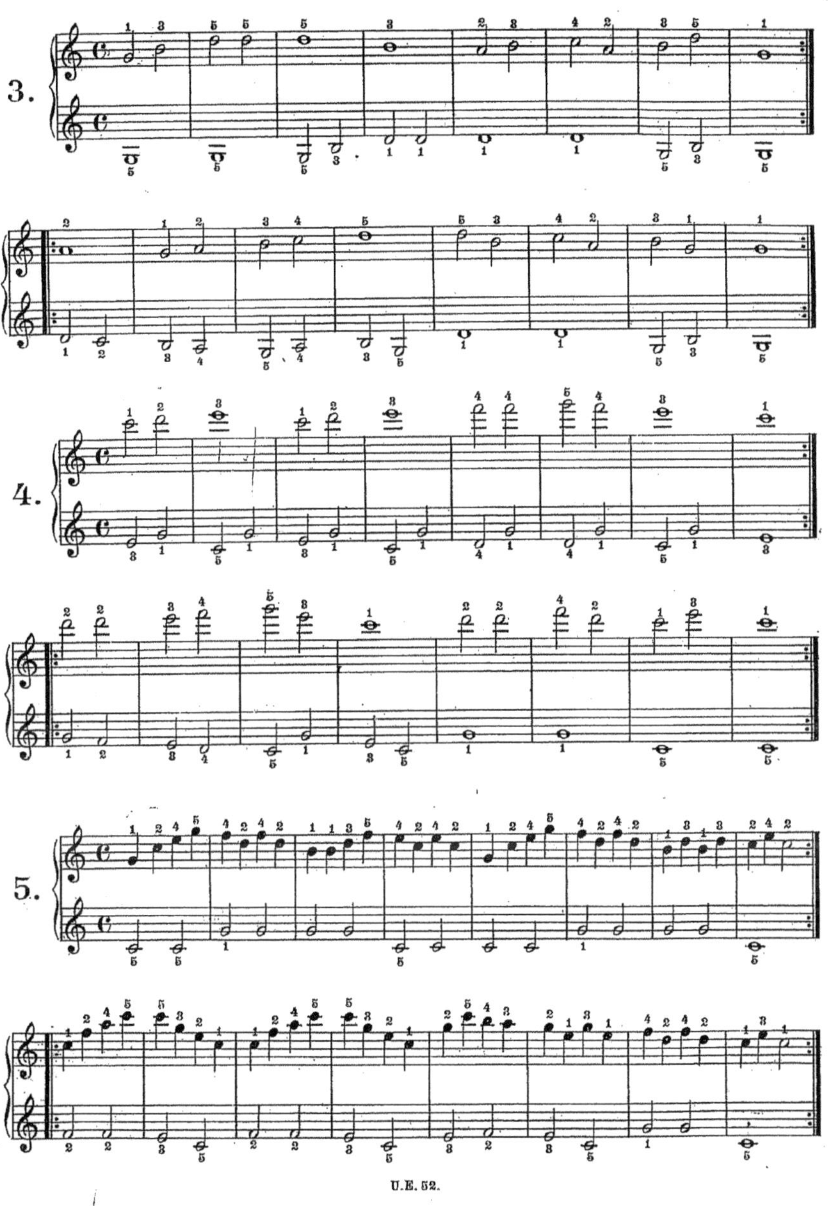


U.E. 52.

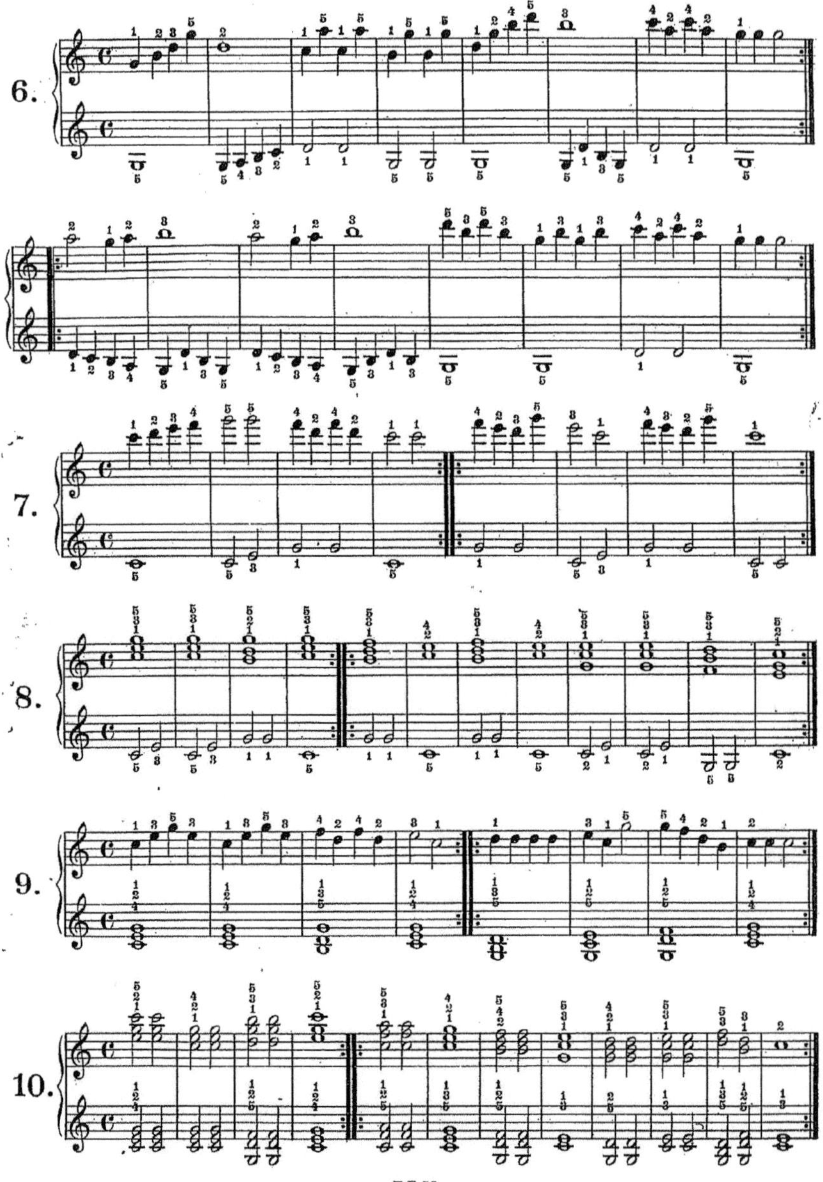
6.
7.
8.
9.
10.

Übungen für die 5 Finger mit ruhig-stillstehender Hand.

*Exercices pour les 5 doigts, les mains tranquilles.*

Exercises for the 5 fingers, with hands at rest.

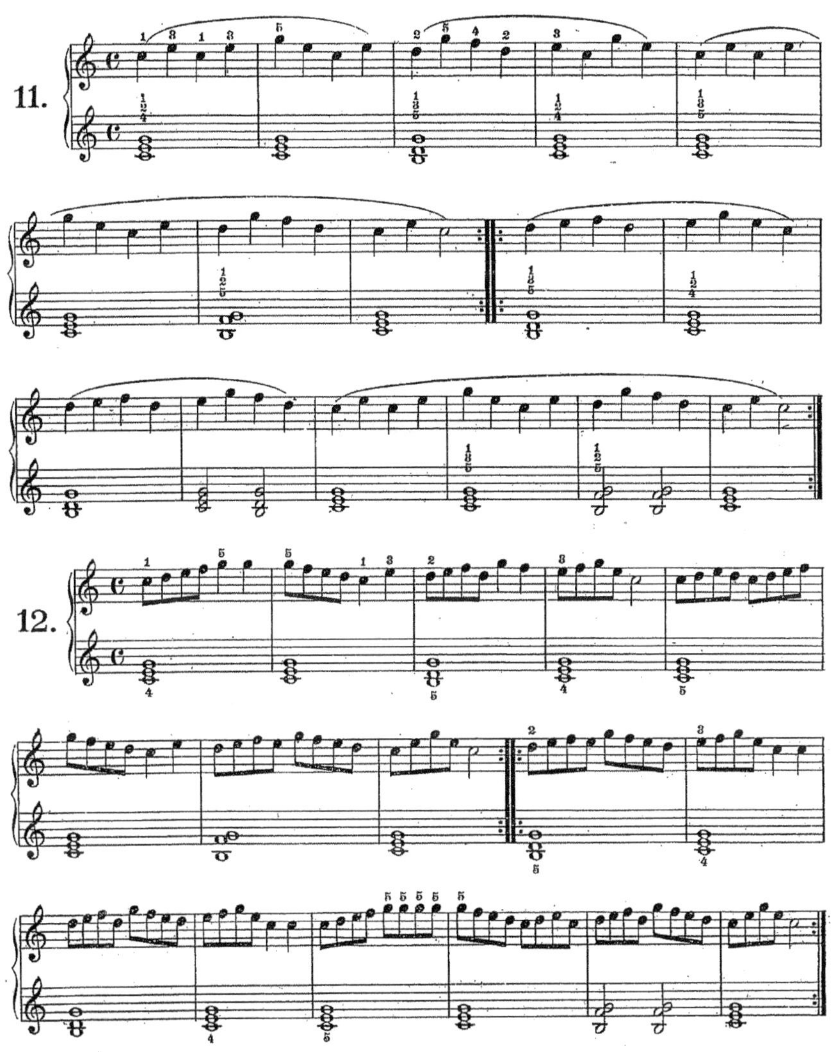


U.E.52.

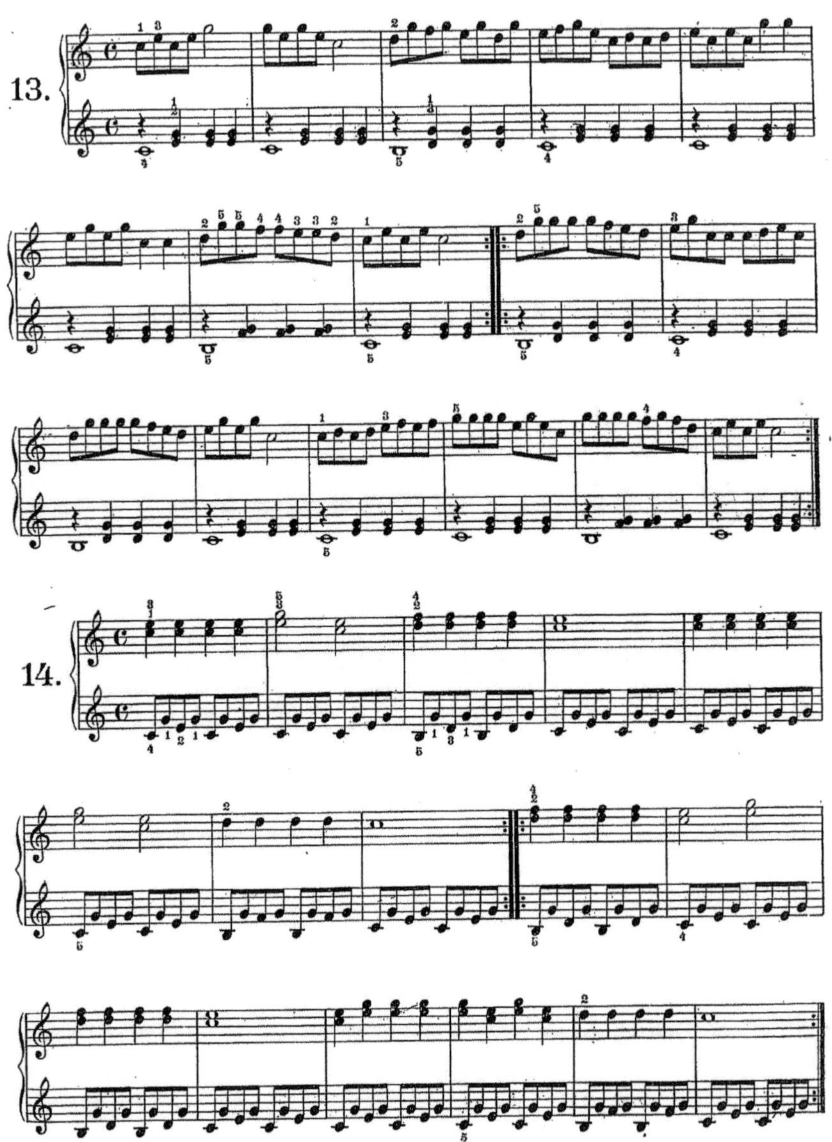
13.
14.

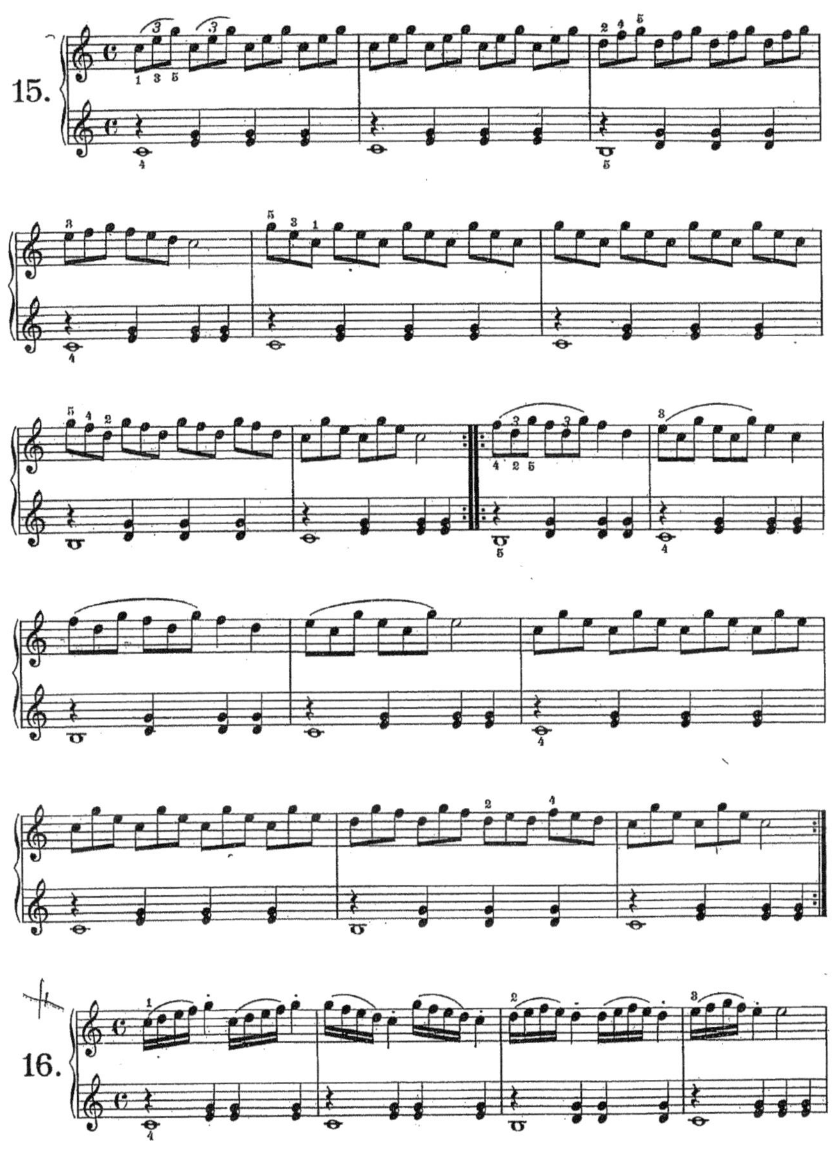


U.E. 52.

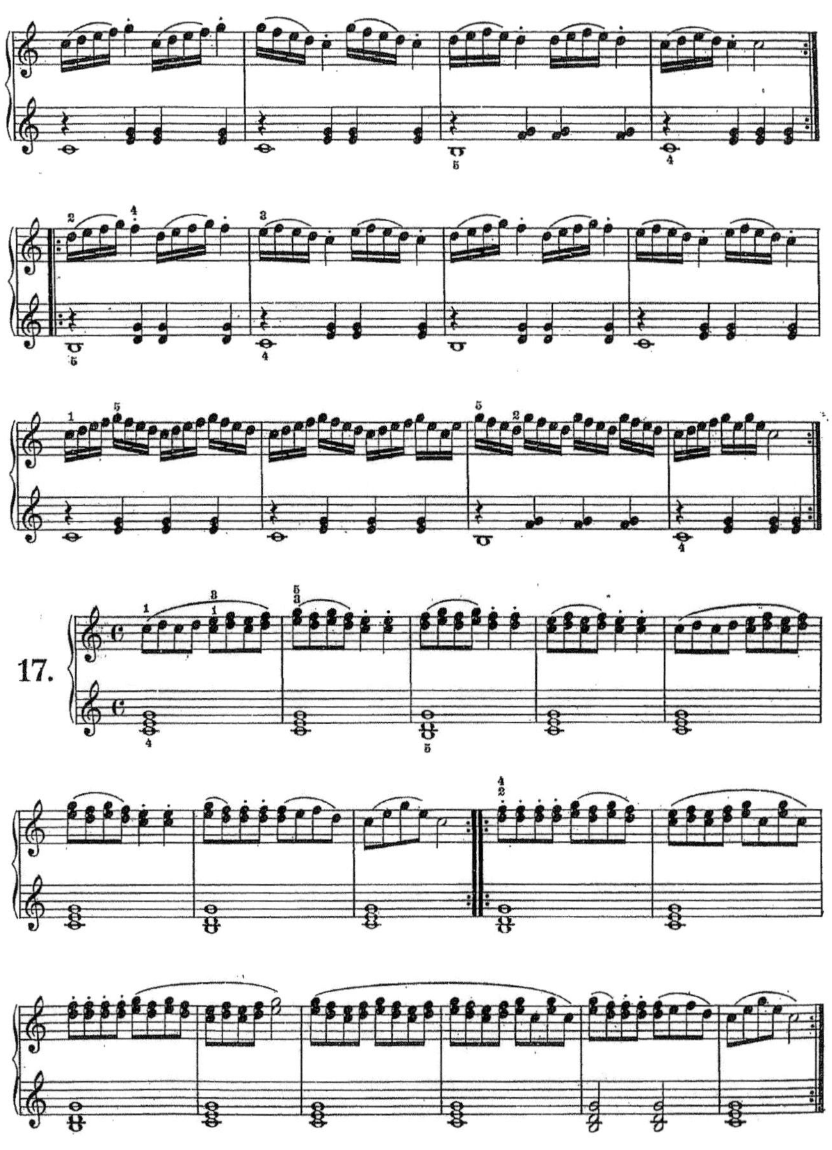
17.

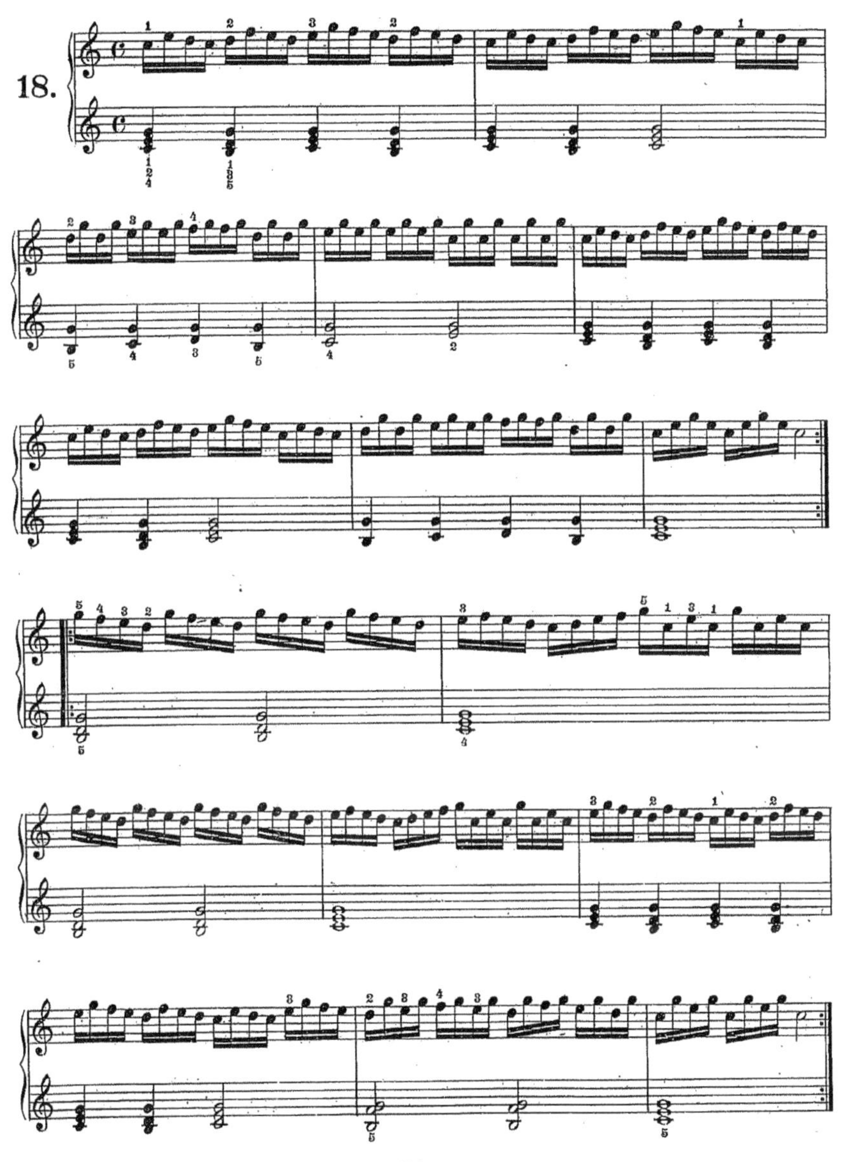
18.

## Die ersten Übungen des Unter-und Übersetzens.

*Premiers exercices pour le passage du pouce.*

The first exercises for the Thumb.

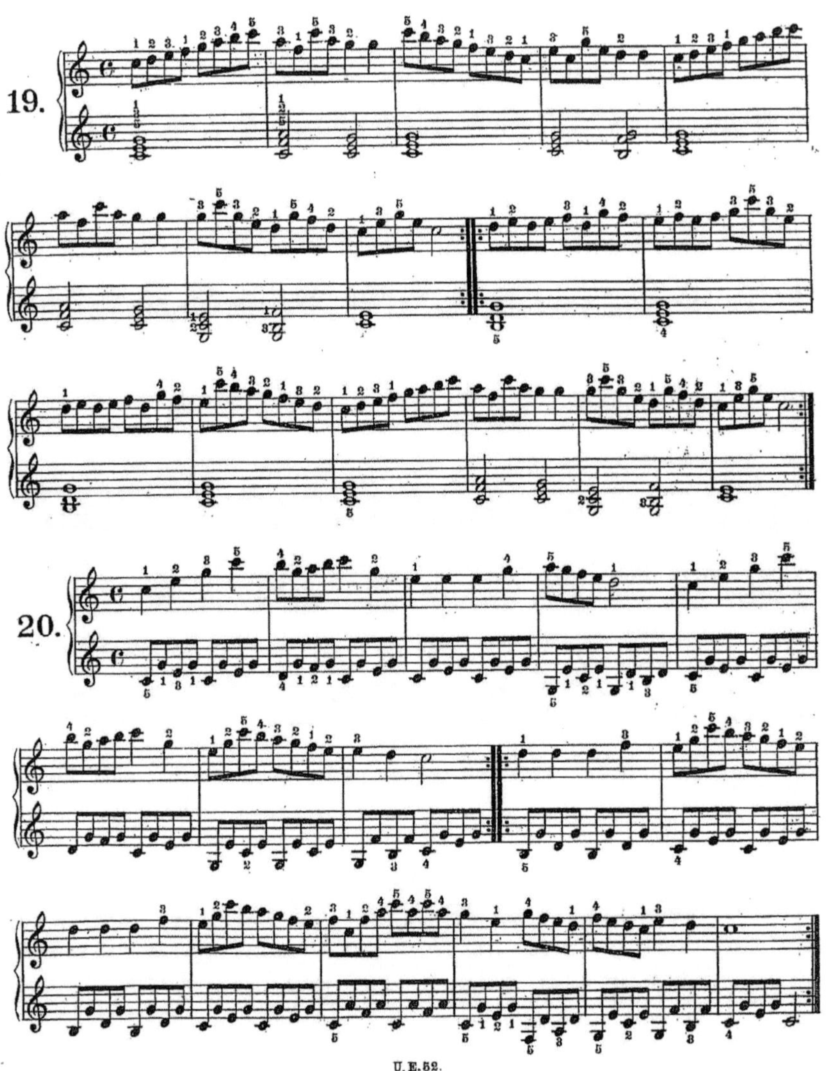


U.E.52.

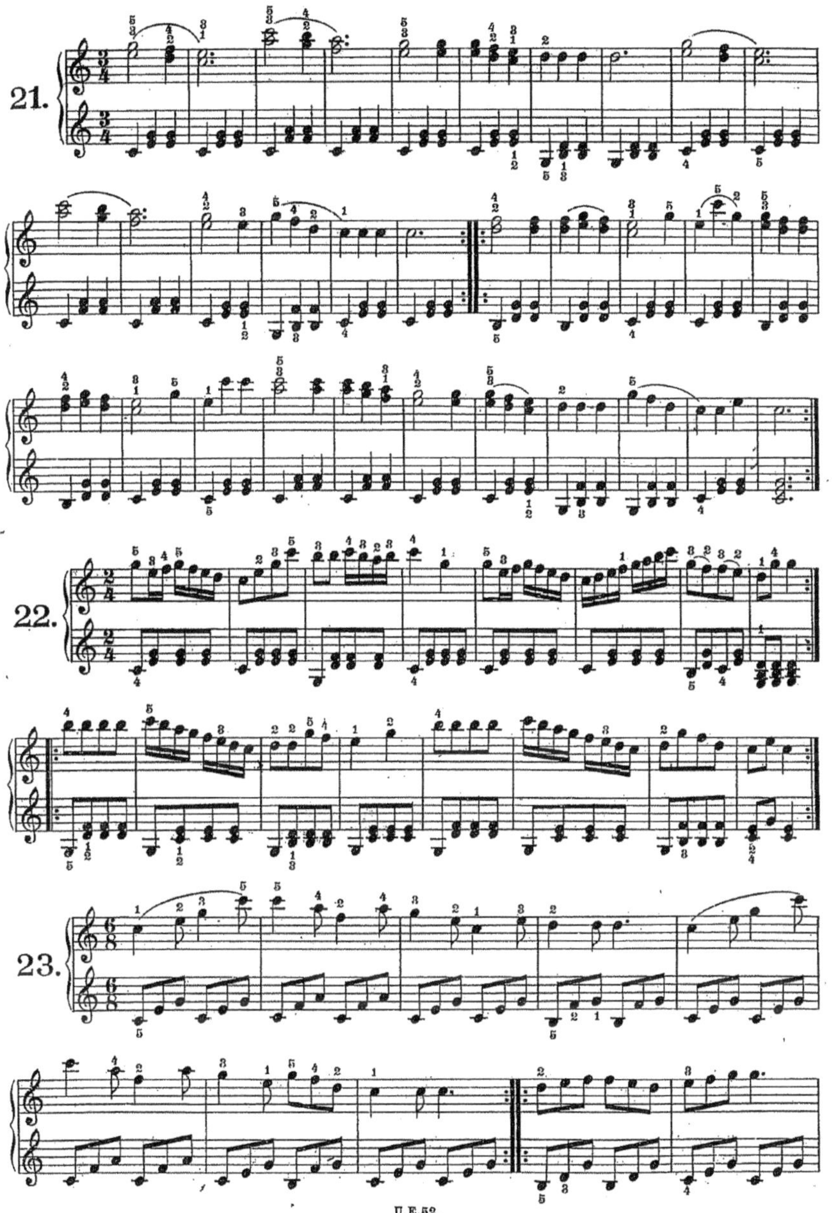
21.
22.
23.

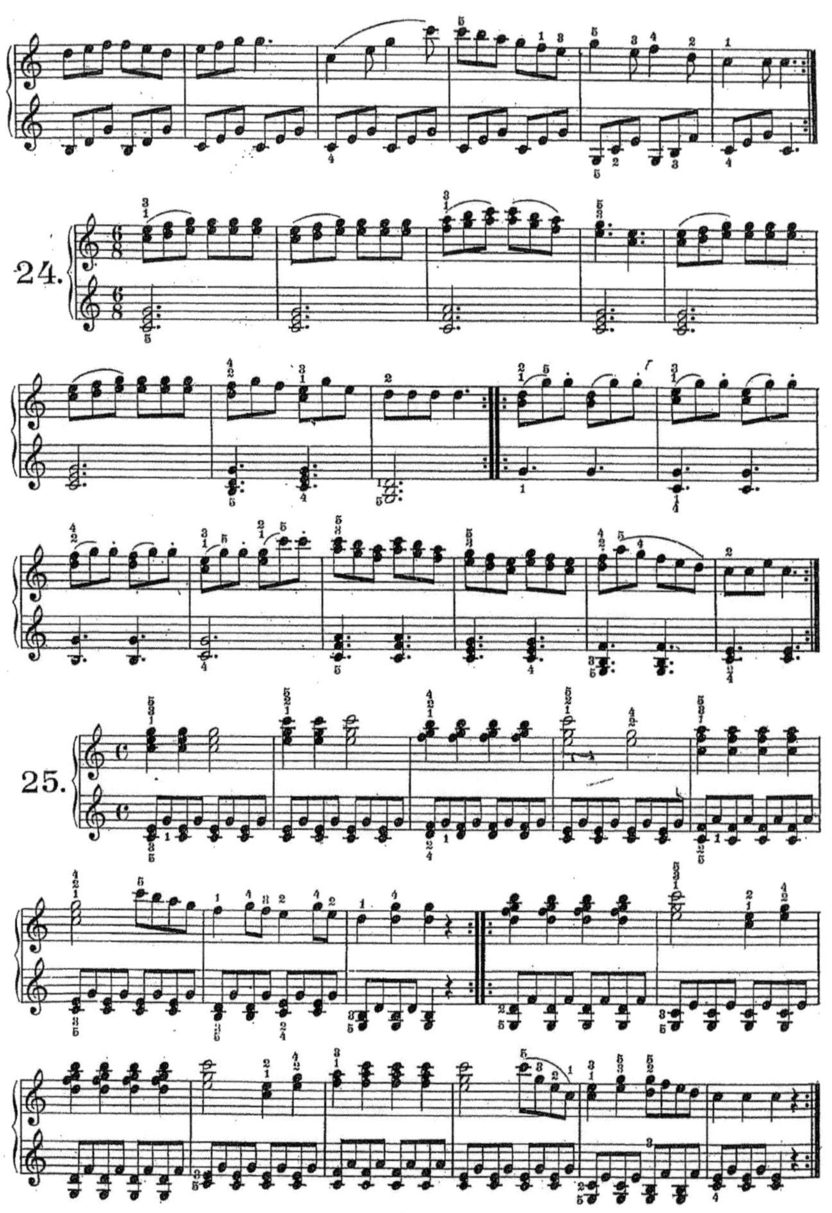


U.E.52.

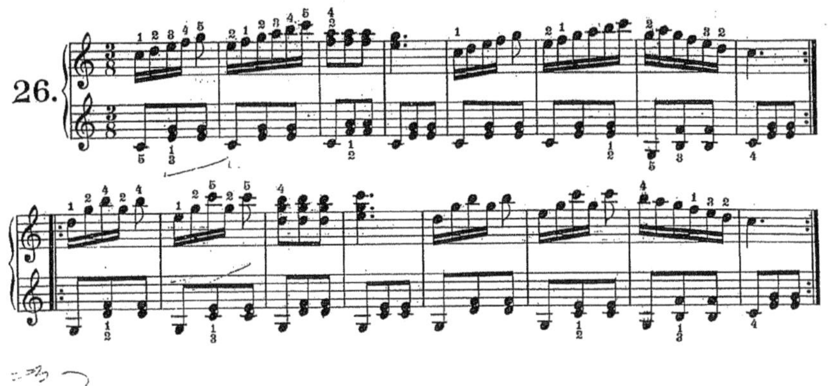


Übungen, welche den Umfang einer Octave überschreiten.

*Exercices qui dépassent une octave.*

Exercises exceeding the compass of an octava.

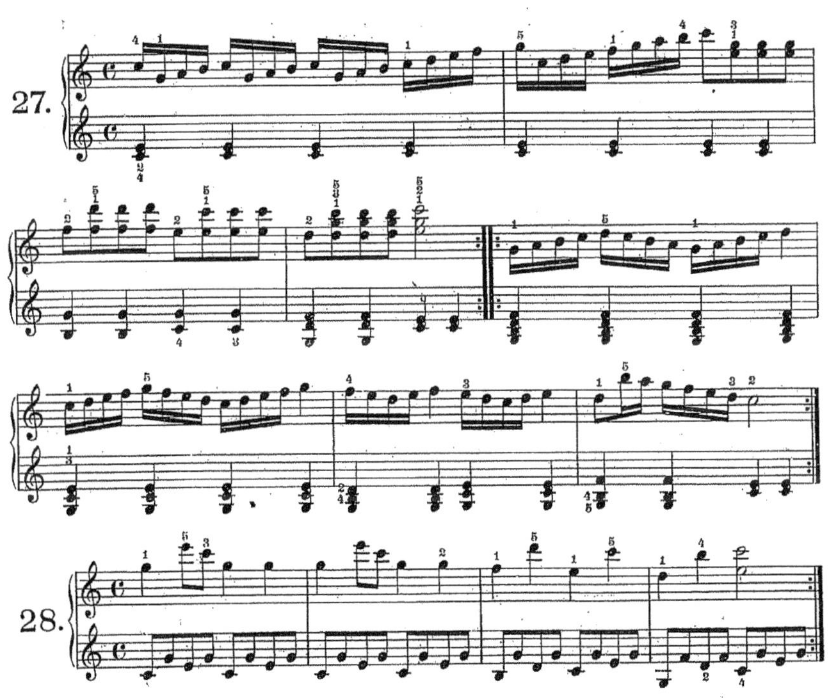

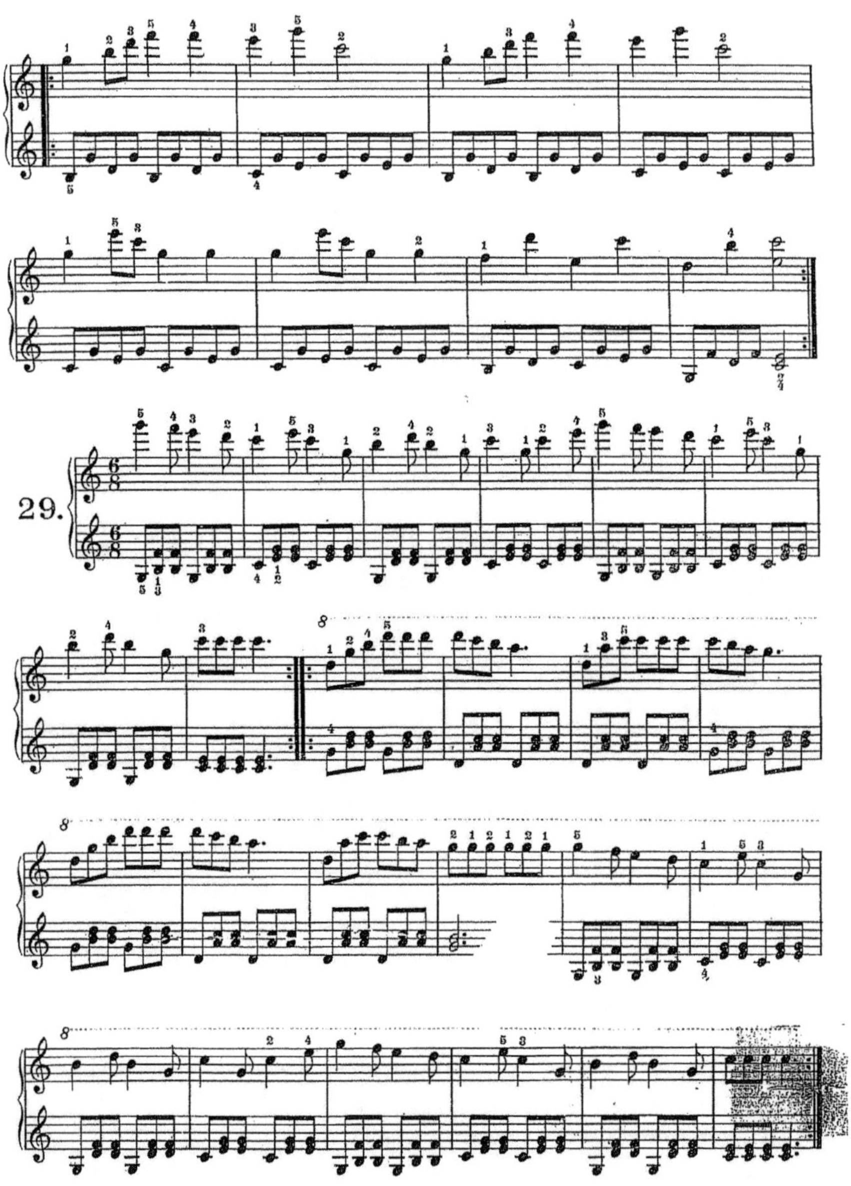
29.

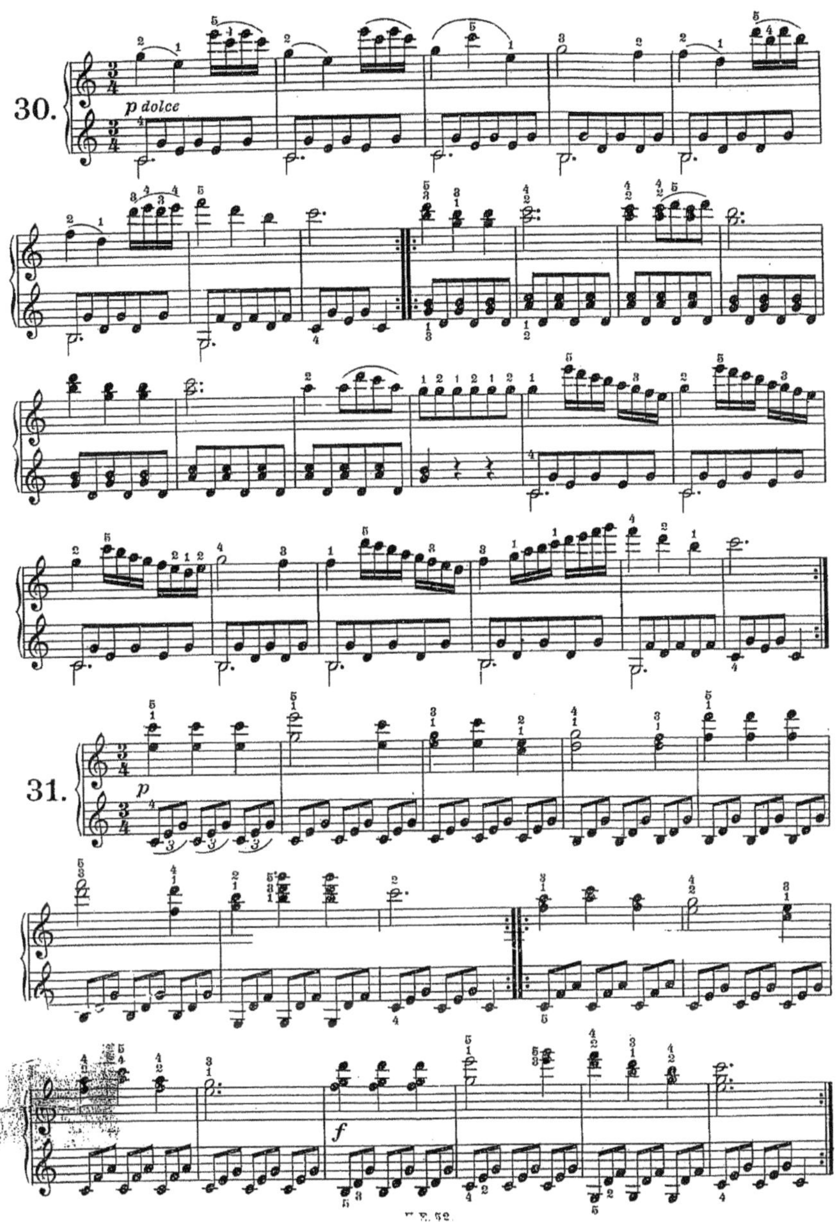
30.
p dolce
31.
p
f

## Übungen mit dem Bass-Schlüssel.

*Exercices en clef de fa.*

## Exercises with the Bass-Notes.

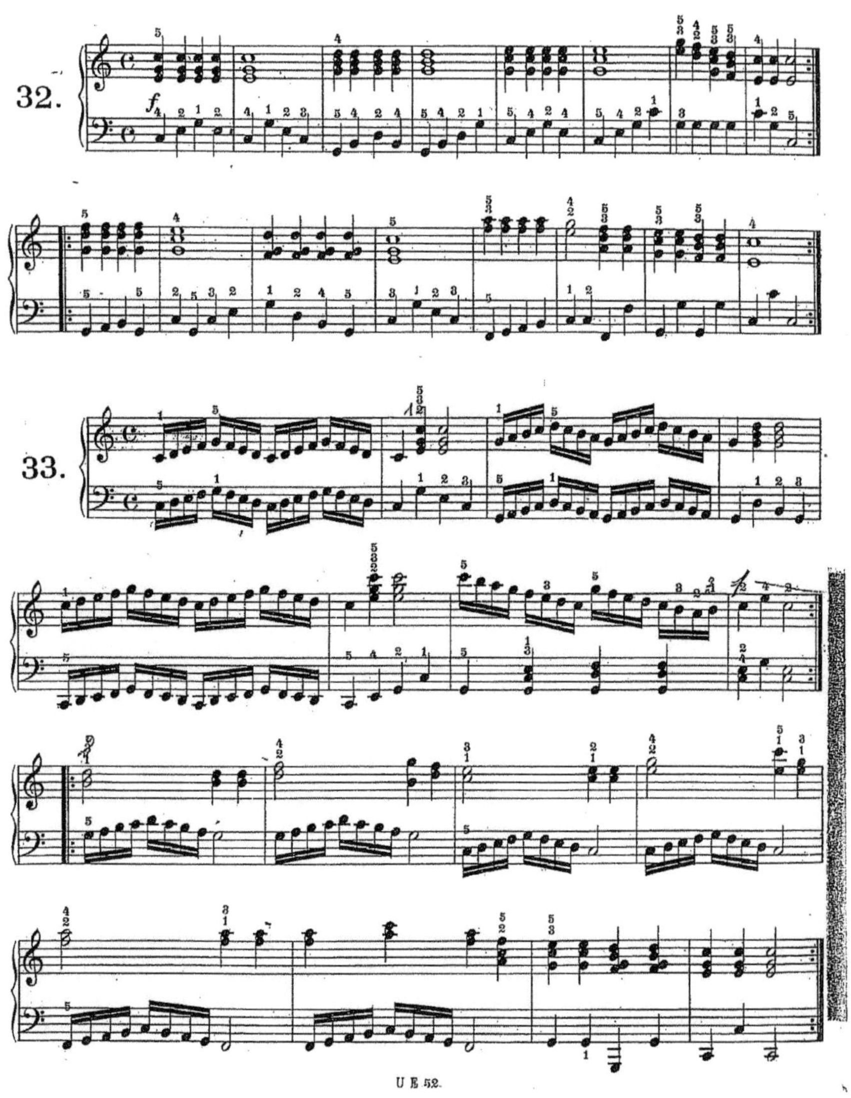


U E 52.

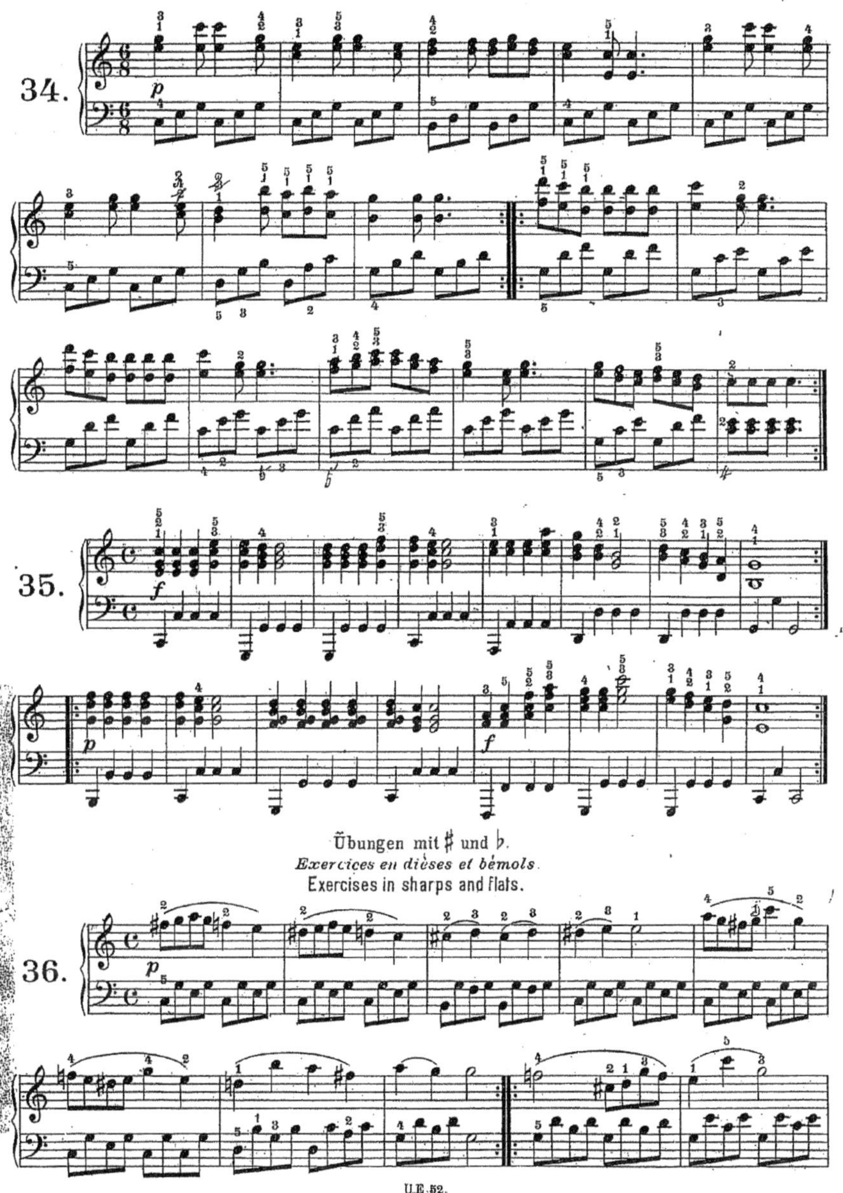
34.
35.
Übungen mit ♯ und ♭.
Exercices en dièses et bémols.
Exercises in sharps and flats.
36.
U.E.52.

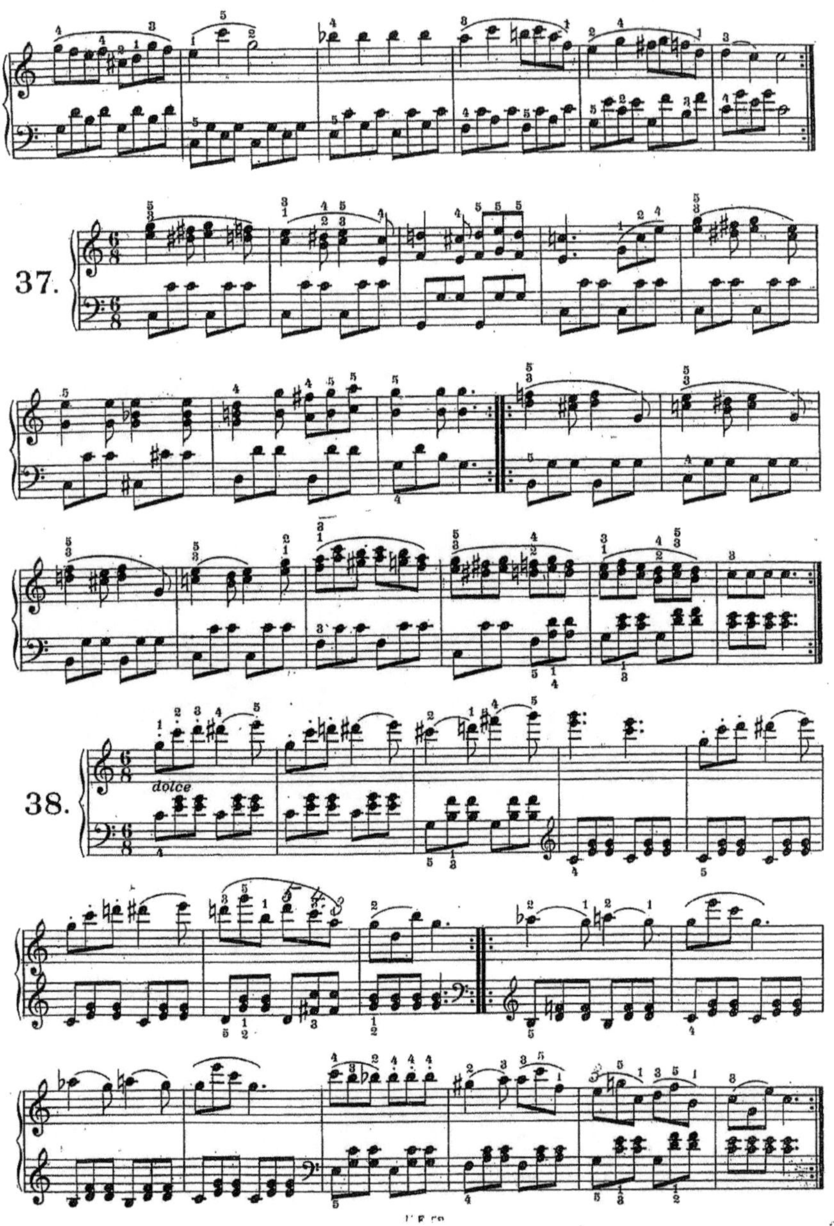
37.
38.
dolce

## Übungen in anderen leichten Tonarten.

*Exercices en d'autres tons faciles.*

## Exercises in other easy Keys.

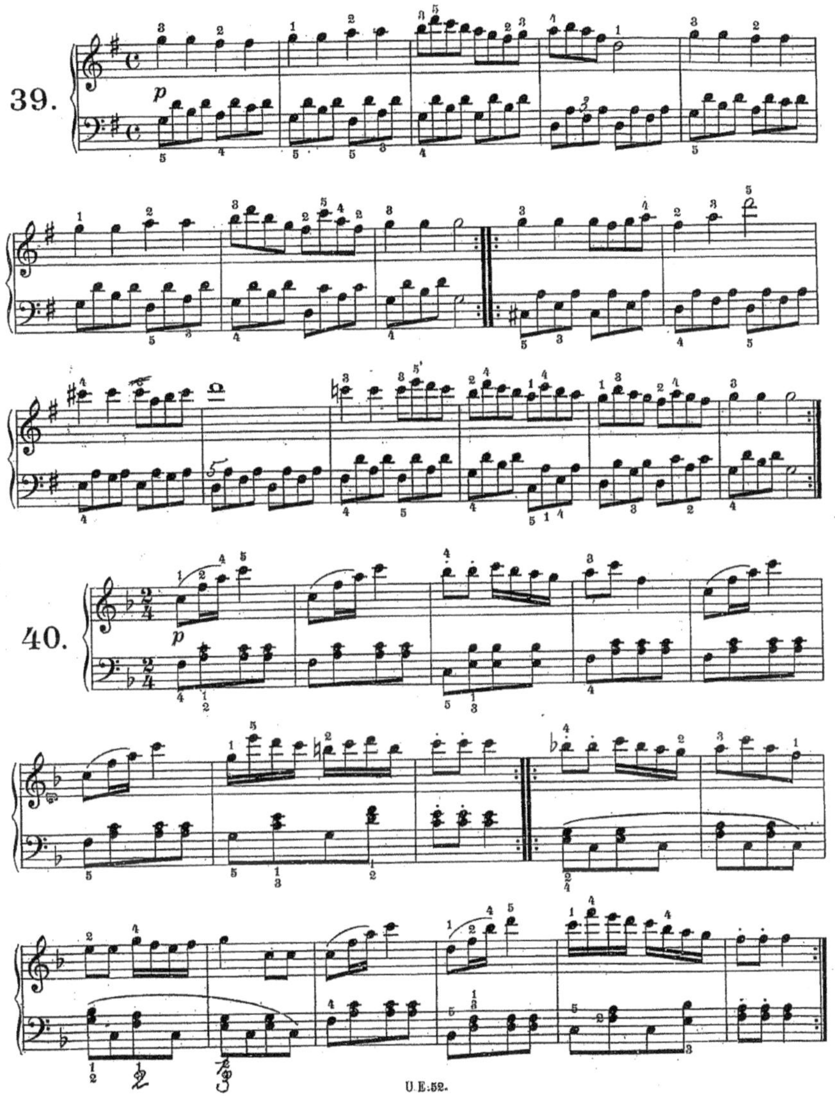

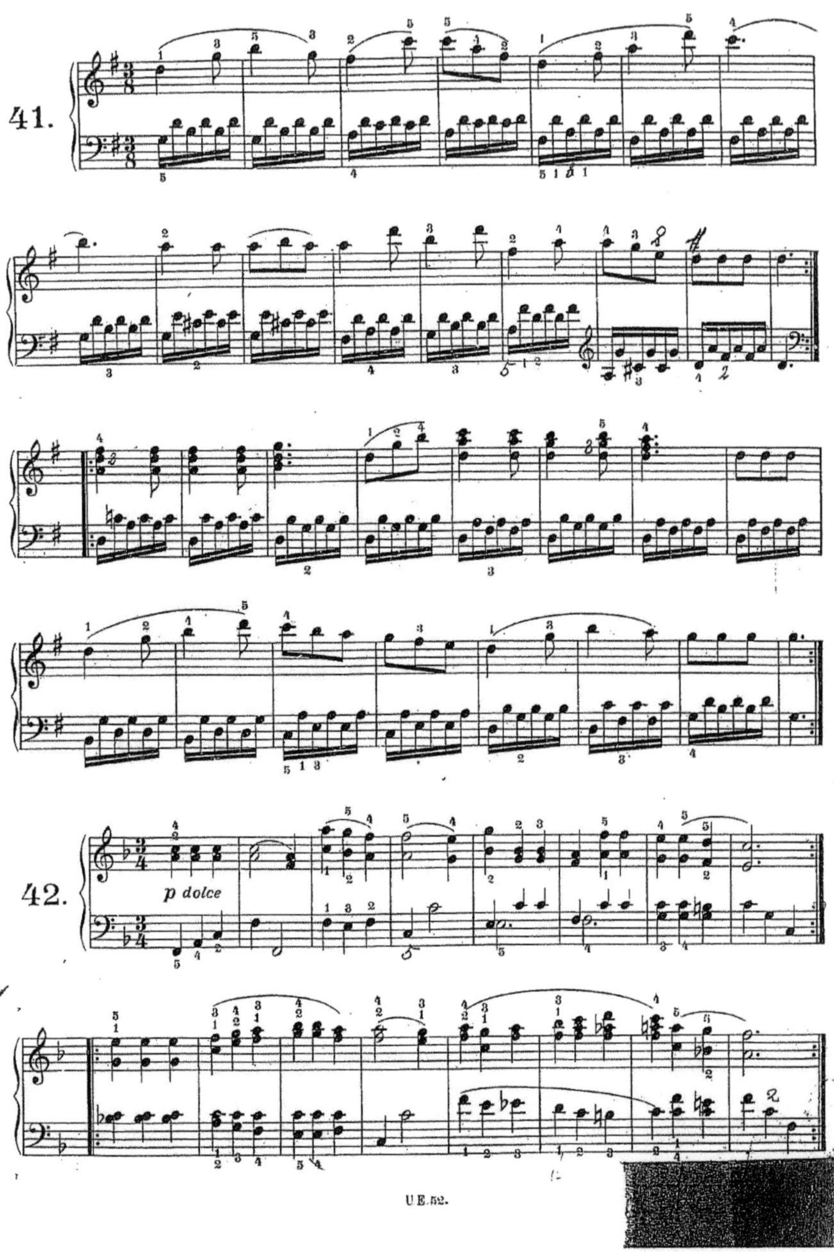
41.
42.
p dolce
U.E.52.

Pausen.
*Silences.*
Rests.

Allegro moderato.

43.

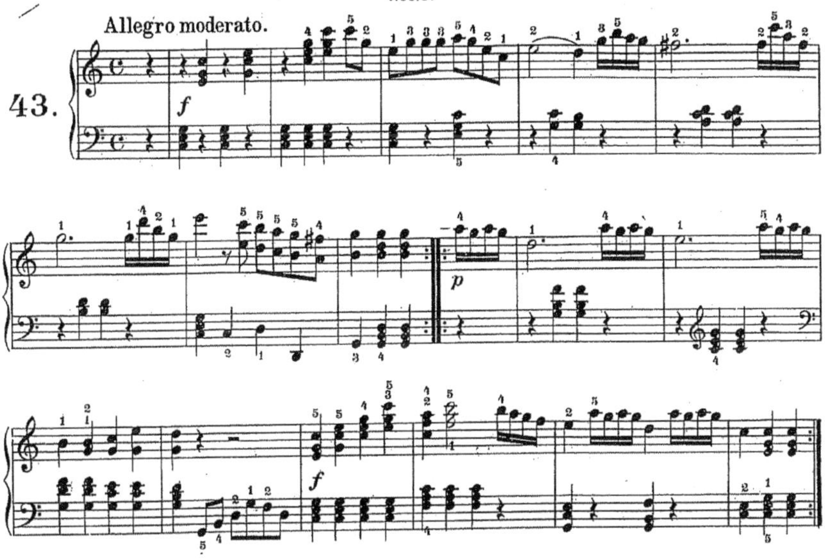

*f*

*p*

*f*

Allegro.

44.

*p*

*f*

*p*

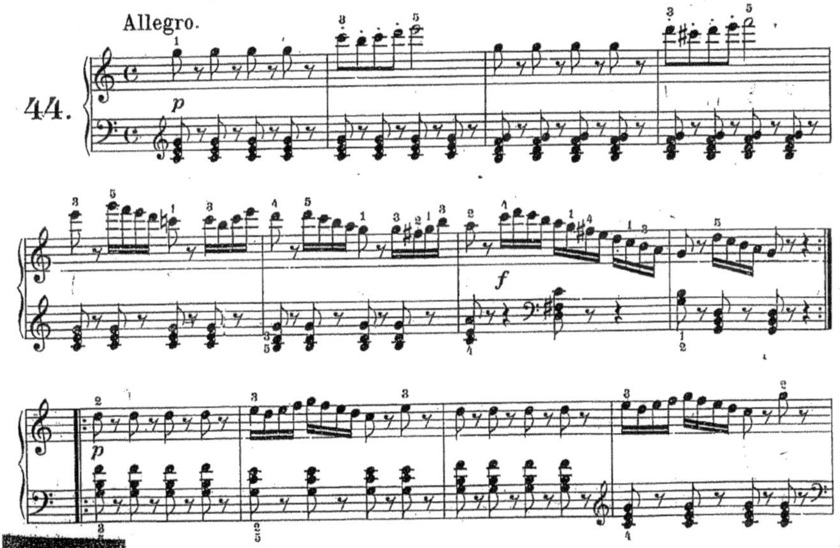

U.E.52

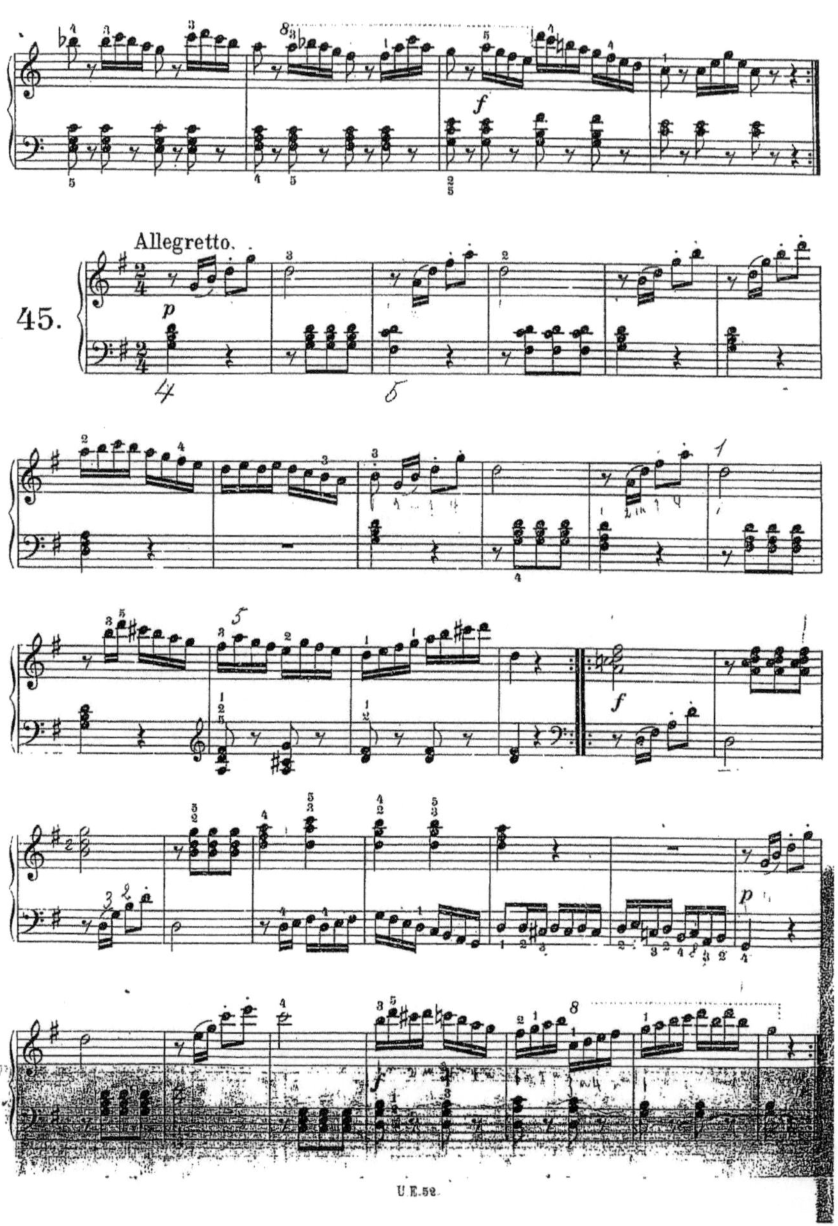
Allegretto.
45.

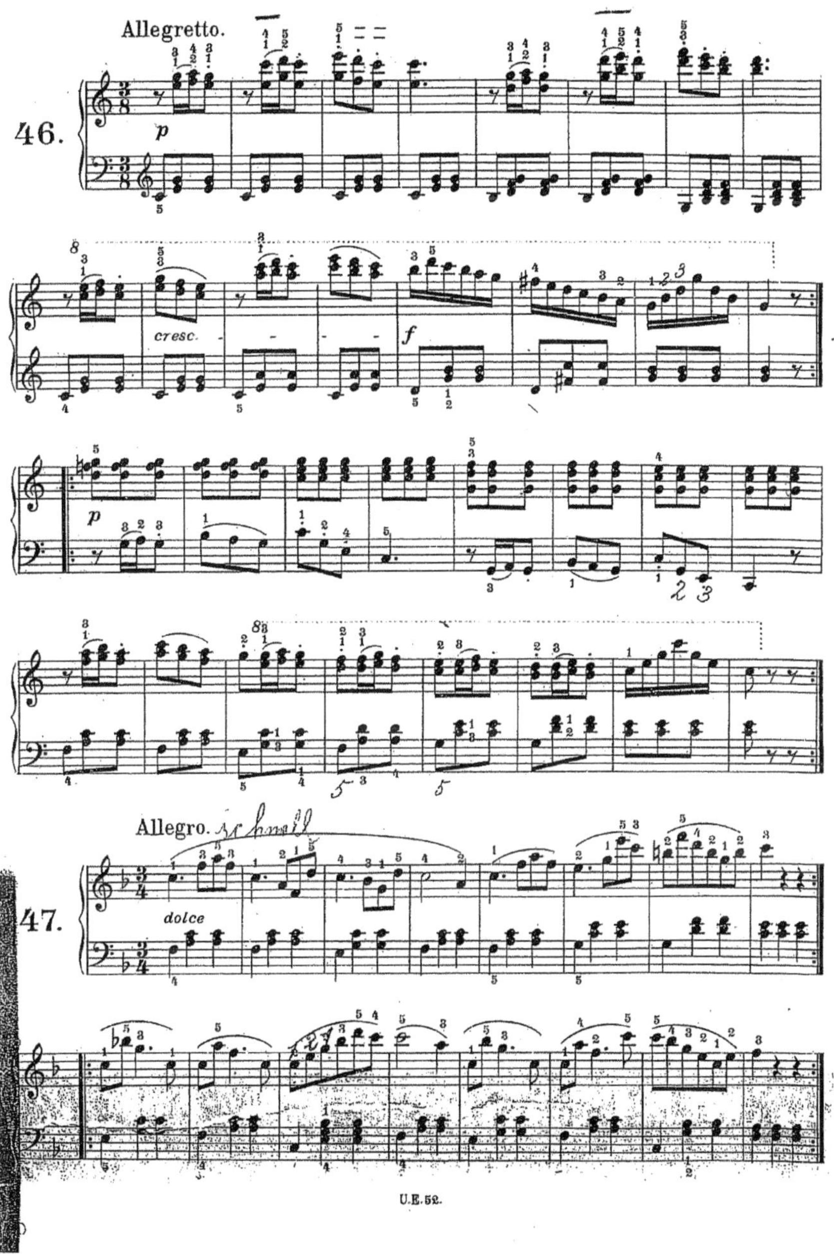
Allegretto.
46.
p
cresc.
f
p
Allegro.
47.
dolce
U.E.52.

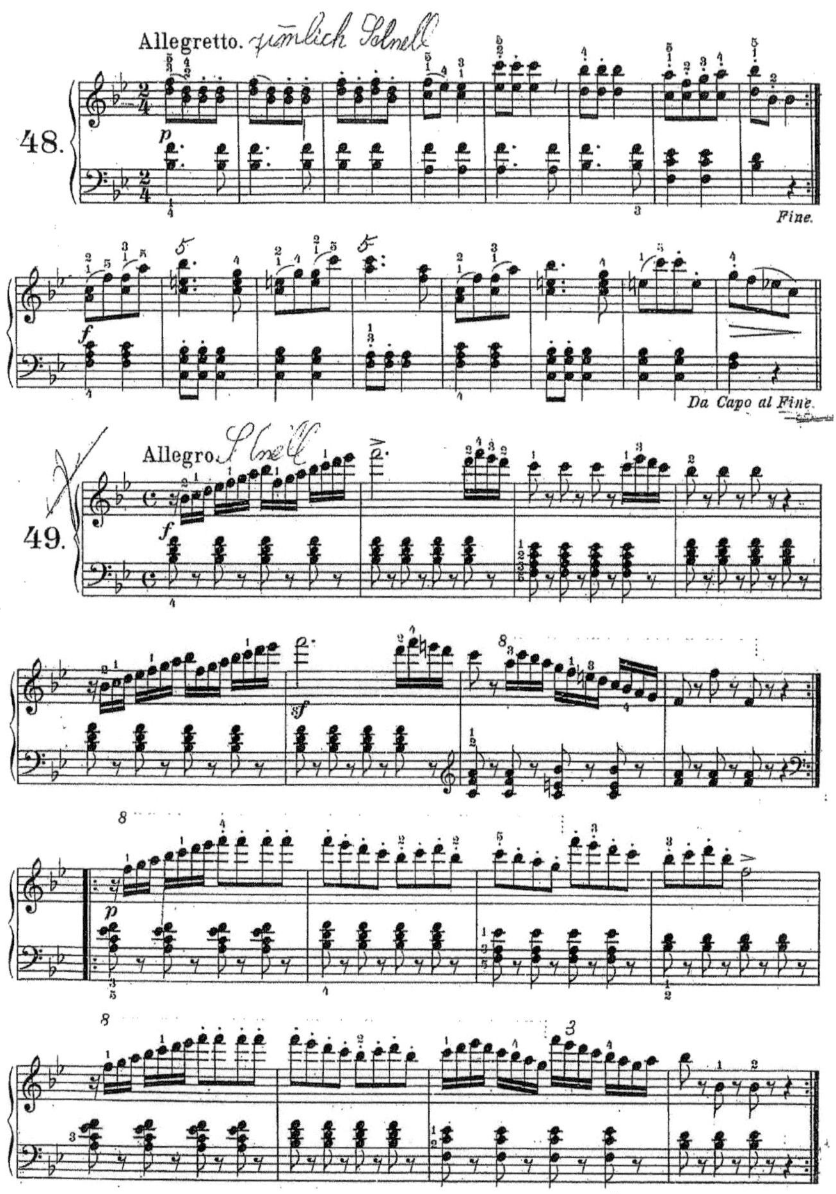
Allegretto. ziemlich Schnell
48.
Fine.
Da Capo al Fine.
Allegro Schnell
49.

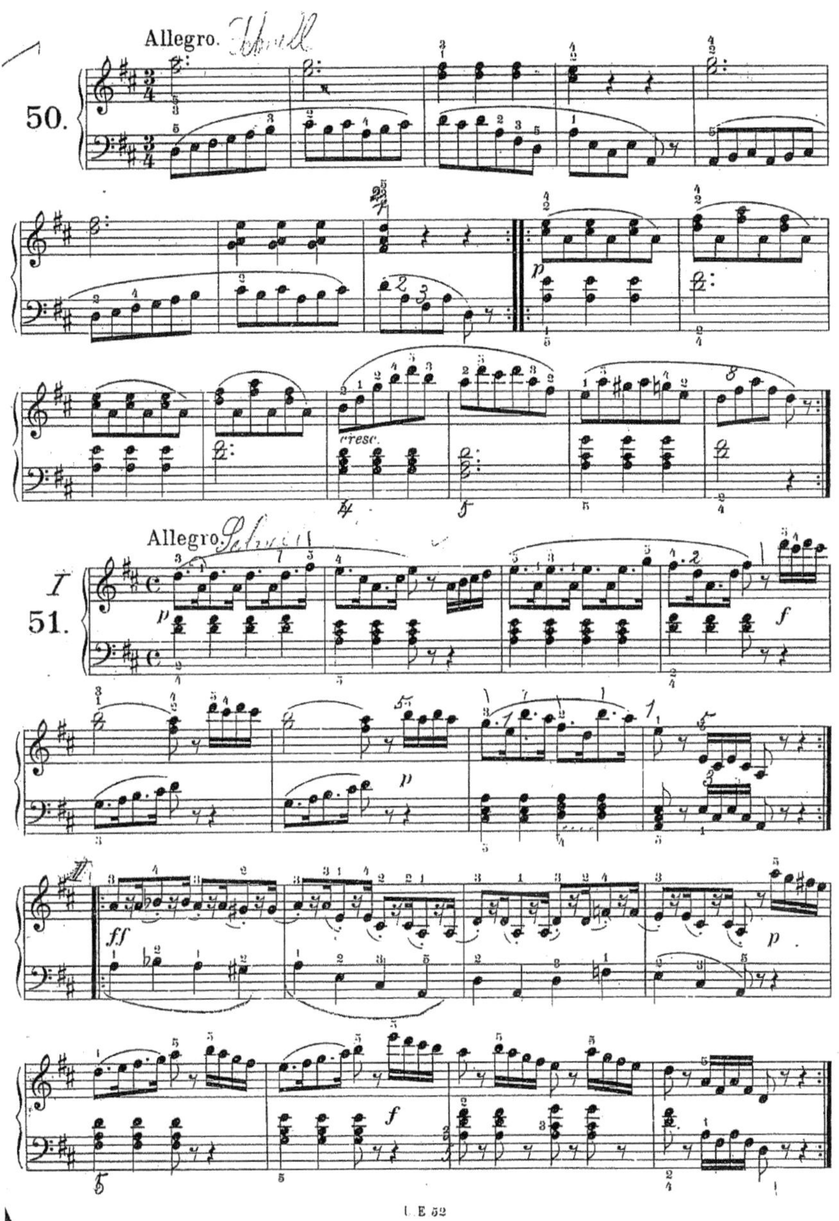
Allegro.
50.
p
cresc.
Allegro.
51.
p
f
p
ff
p
f
L E 52

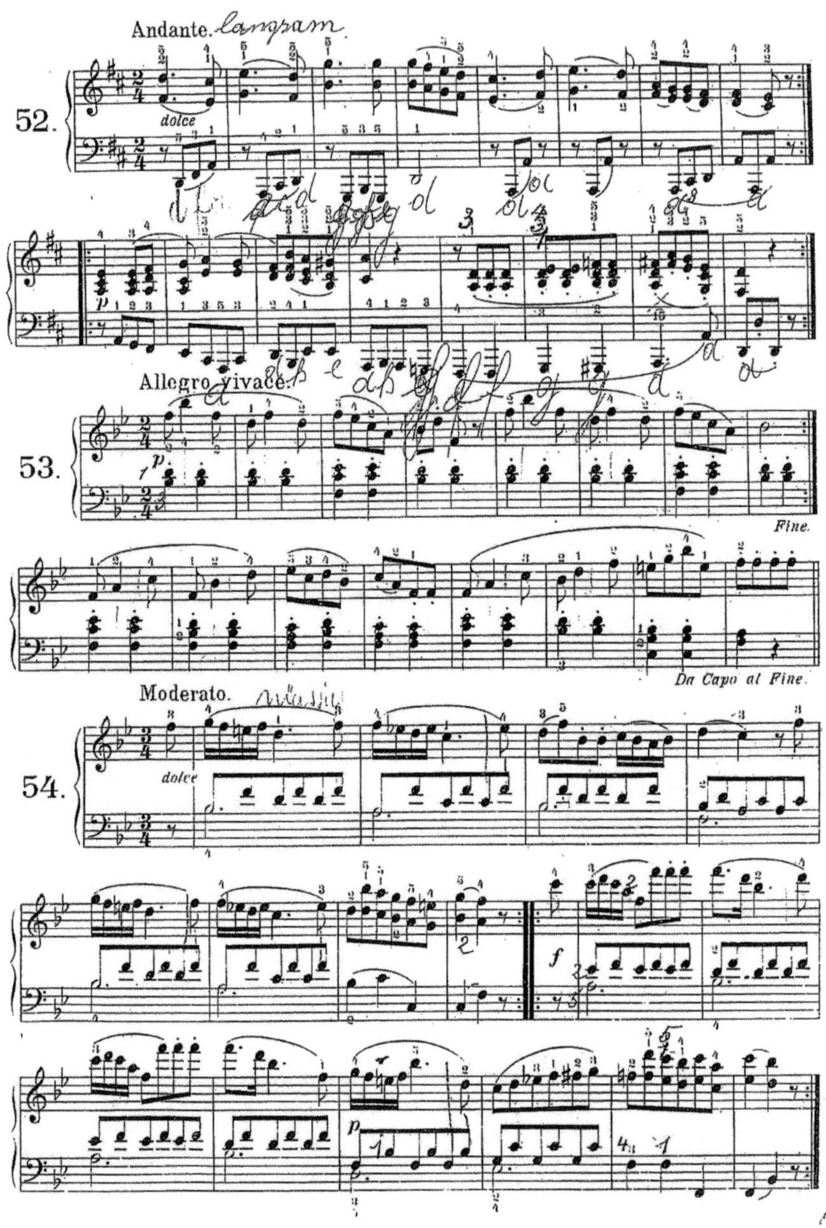
Andante.
52.
dolce
Allegro vivace.
53.
p
Fine.
Da Capo al Fine.
Moderato.
54.
dolce
p
f

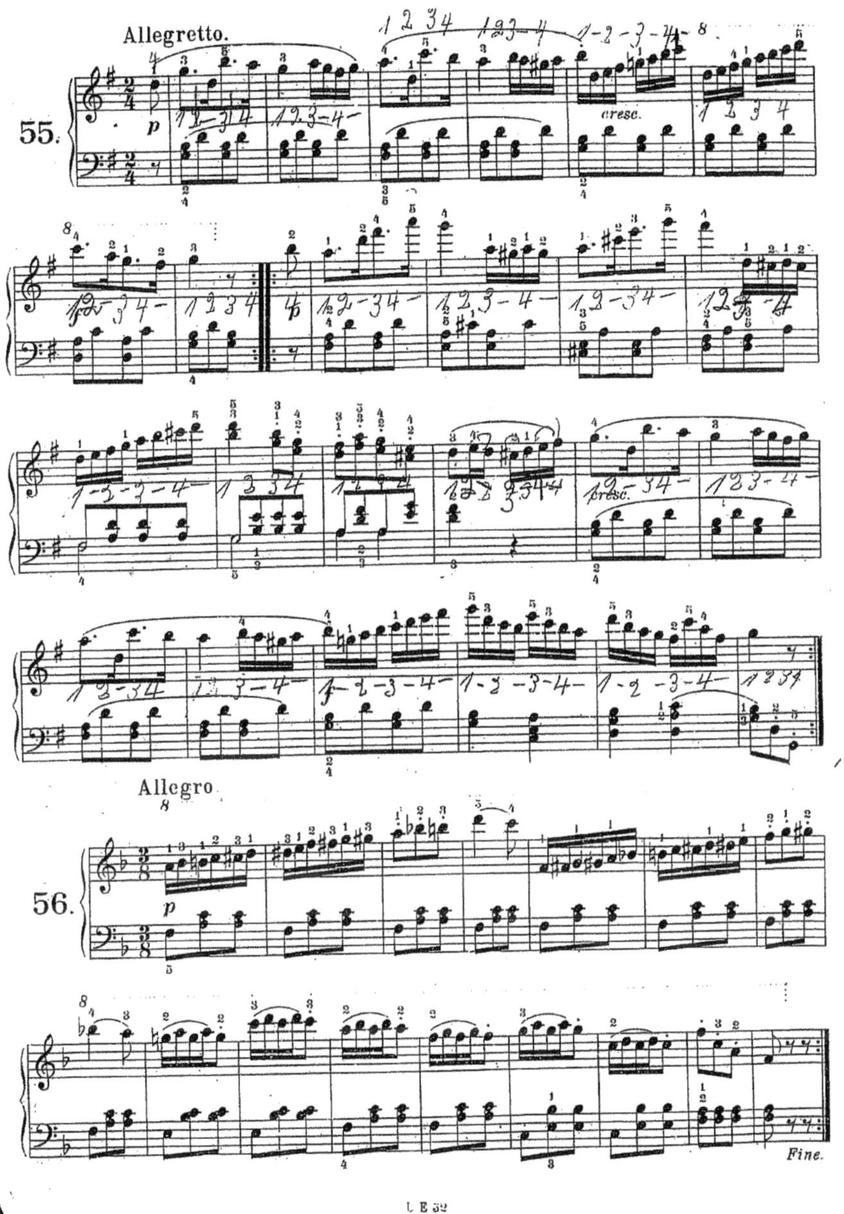
Allegretto.
55.
p
cresc.
cresc.
Allegro
56.
p
Fine.

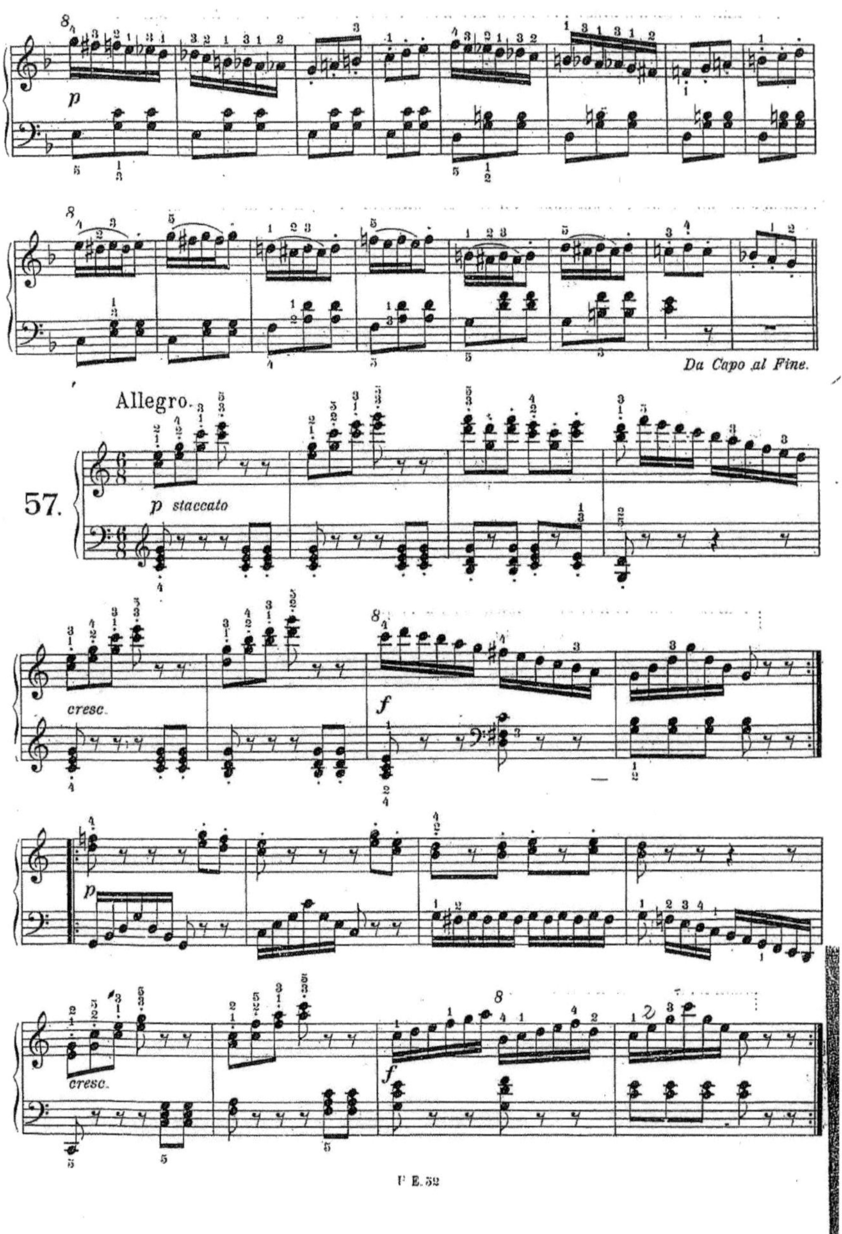
Da Capo al Fine.
Allegro.
57.
p staccato
cresc.
f
p
cresc.
f

# ERSTER LEHRMEISTER.

## LE PREMIER MAÎTRE DU PIANO. FIRST TEACHER OF THE PIANO.

Übungen zur Beförderung der Geläufigkeit.

*Exercices pour favoriser la vélocité.*

Studies to obtain rapidity.

C. Czerny, Op. 599. Cah. II.

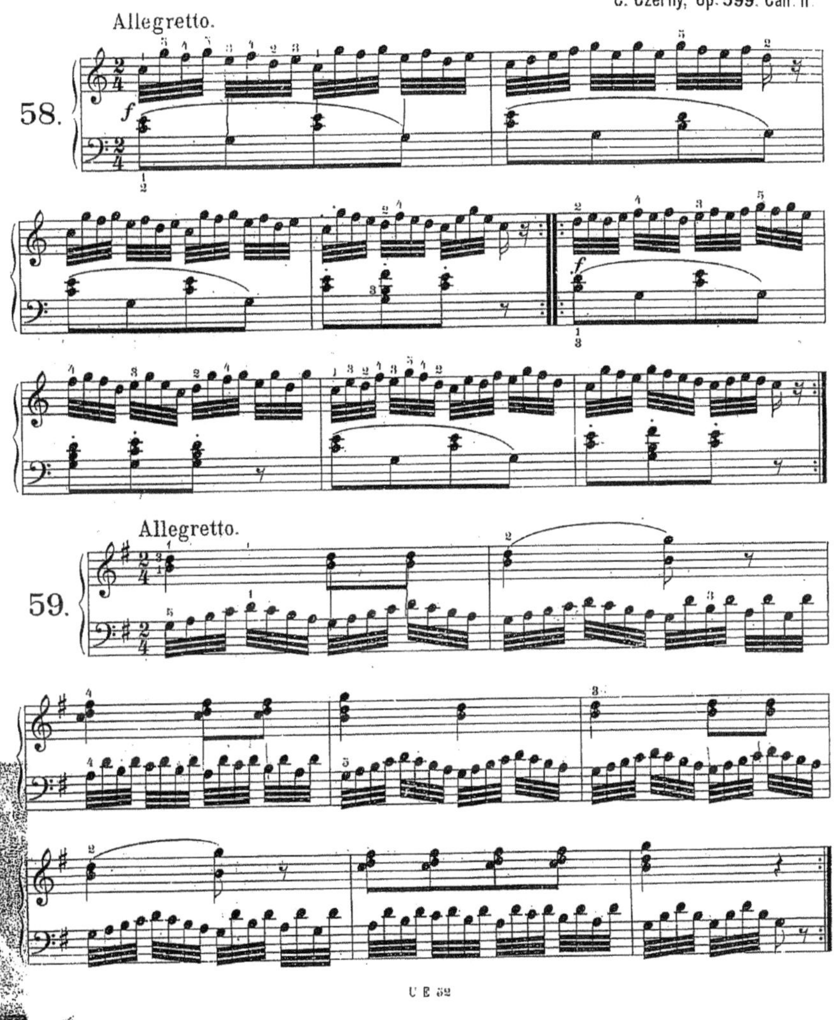

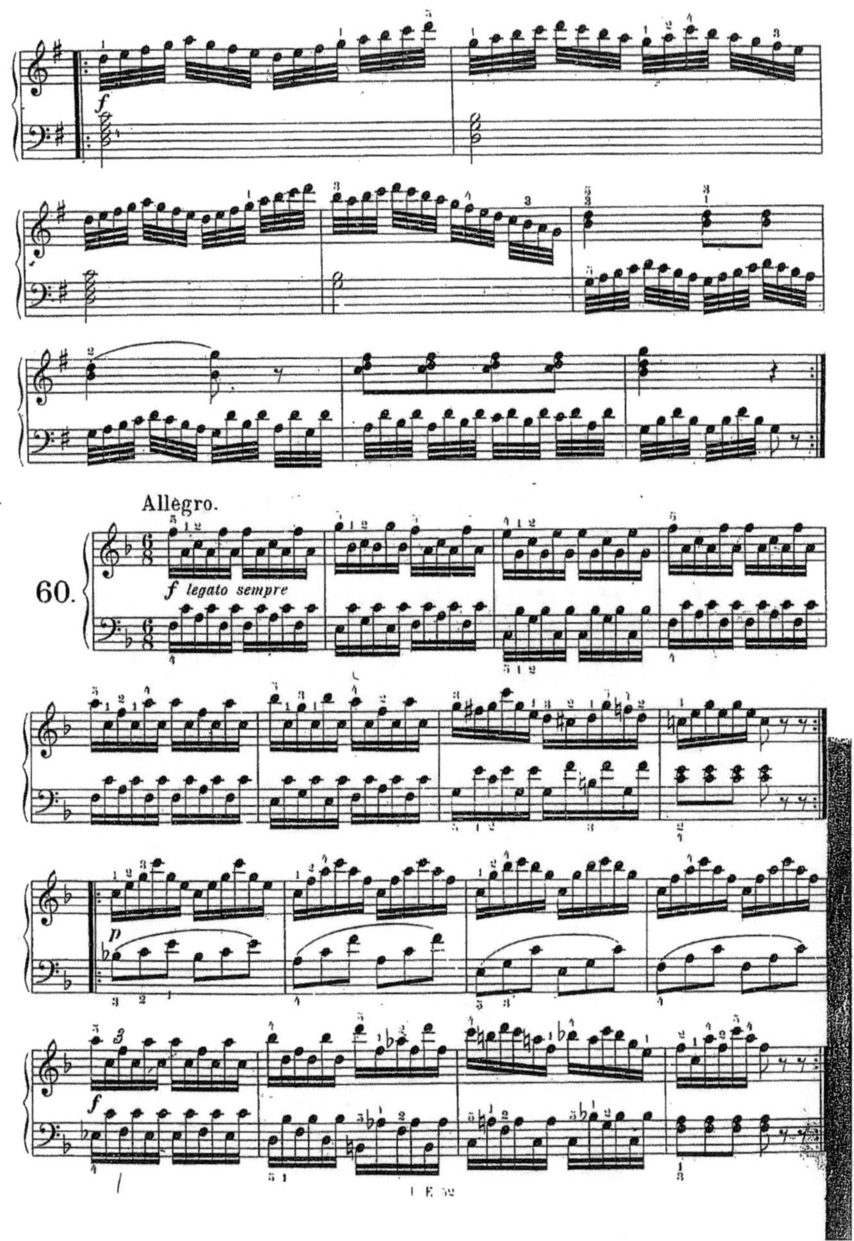
Allegro.
60.
f legato sempre
p
f
I. E. 52

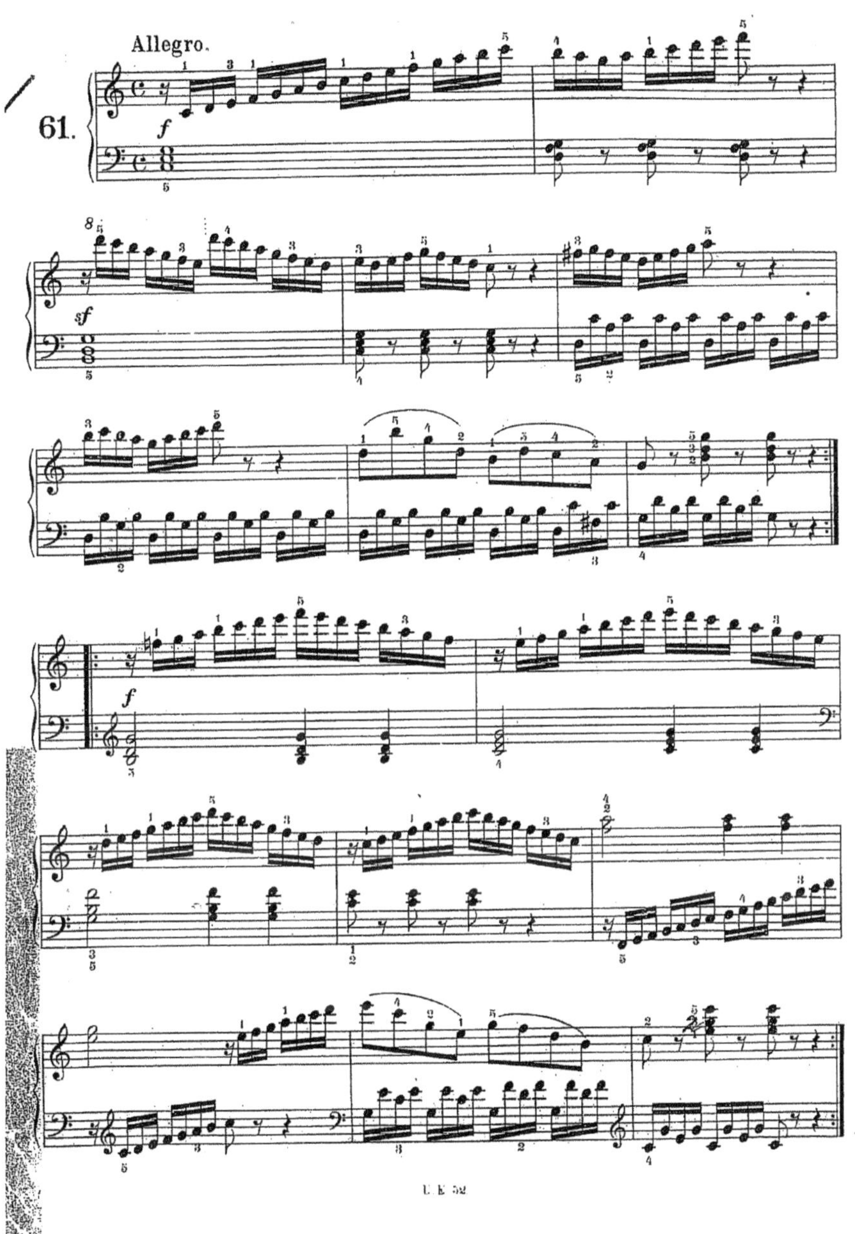
61.
Allegro.
U E 52

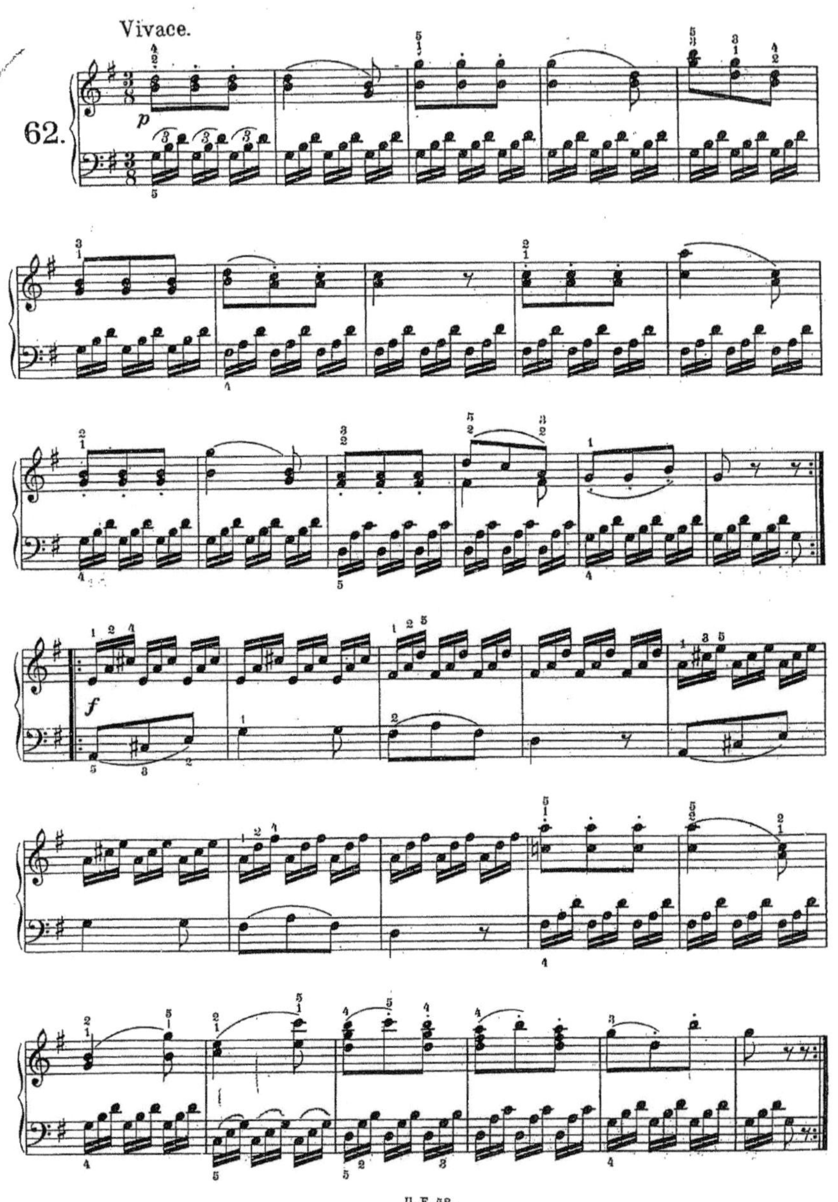


U. E. 52.

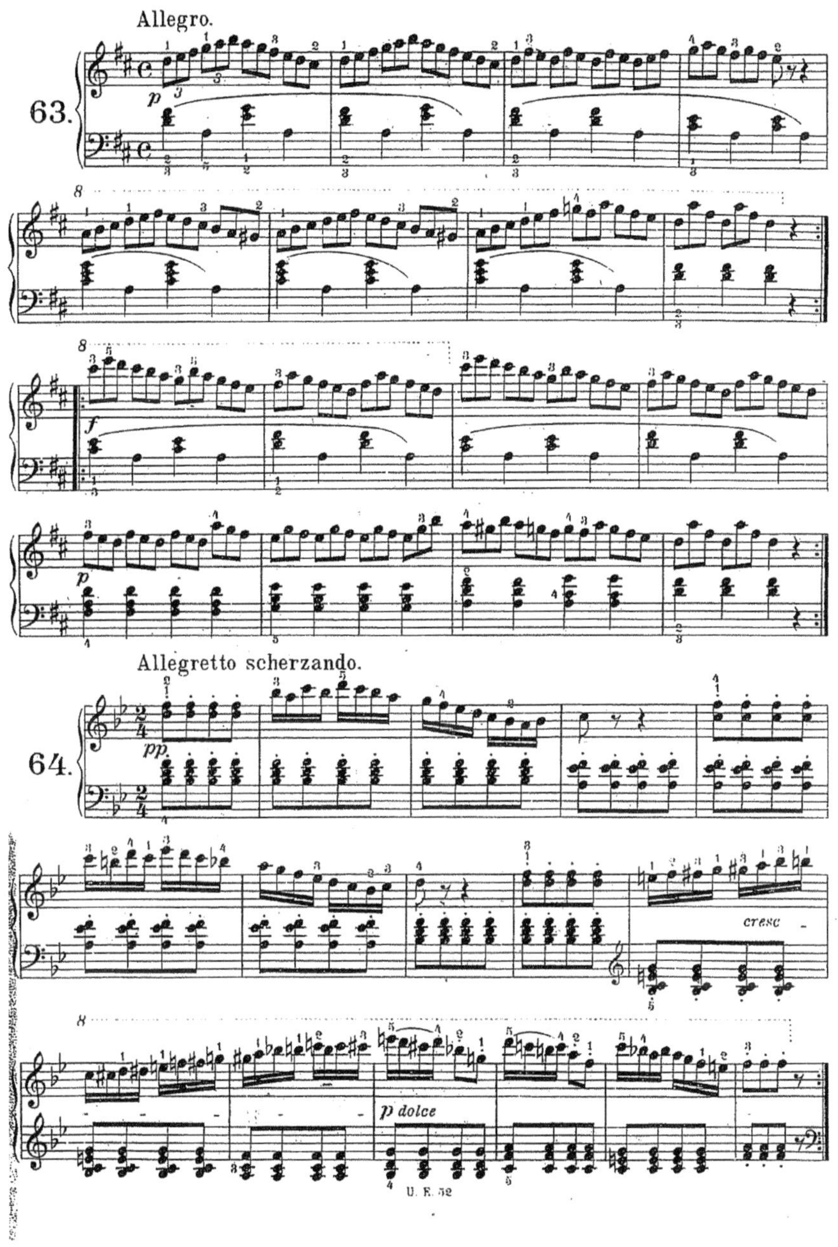
Allegro.
63.
p
f
p
Allegretto scherzando.
64.
pp
cresc
p dolce
U. E. 52

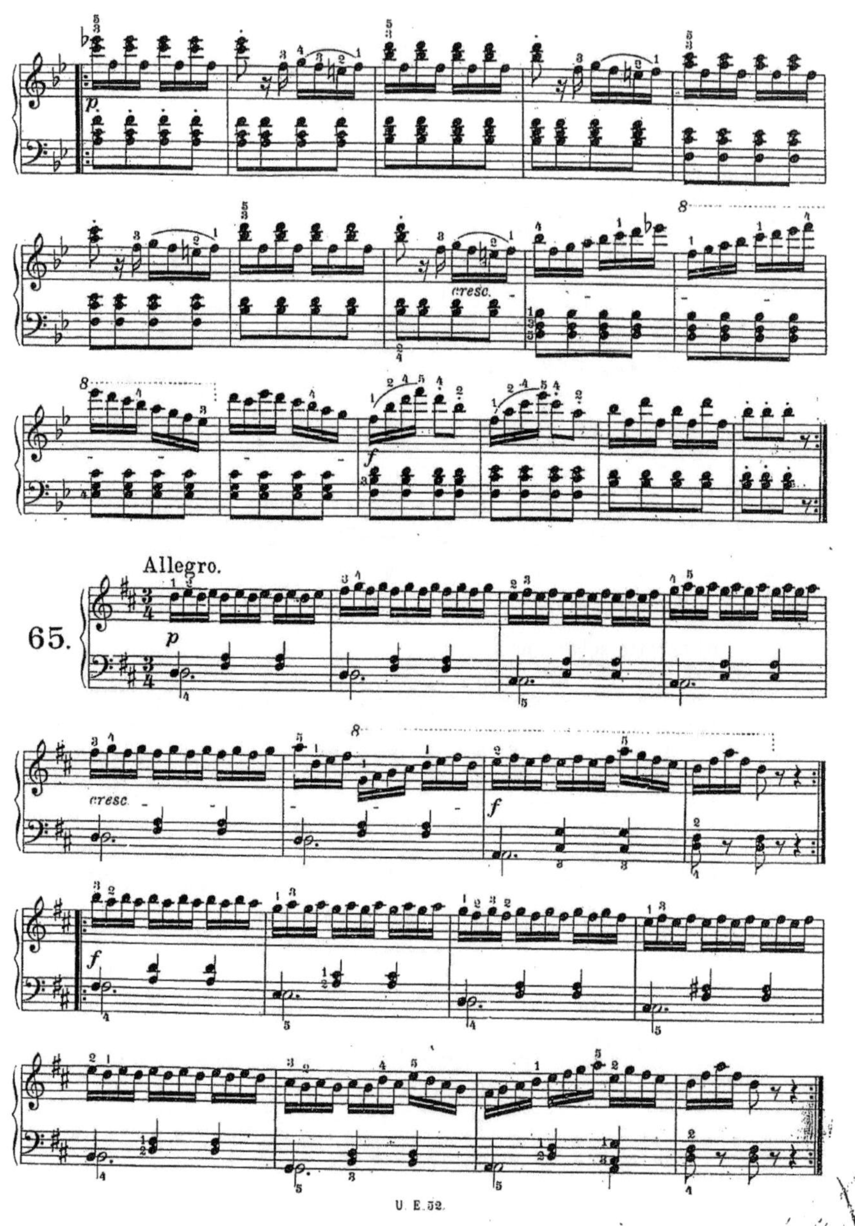
Allegro.
65.
p
cresc.
f
U. E. 52.

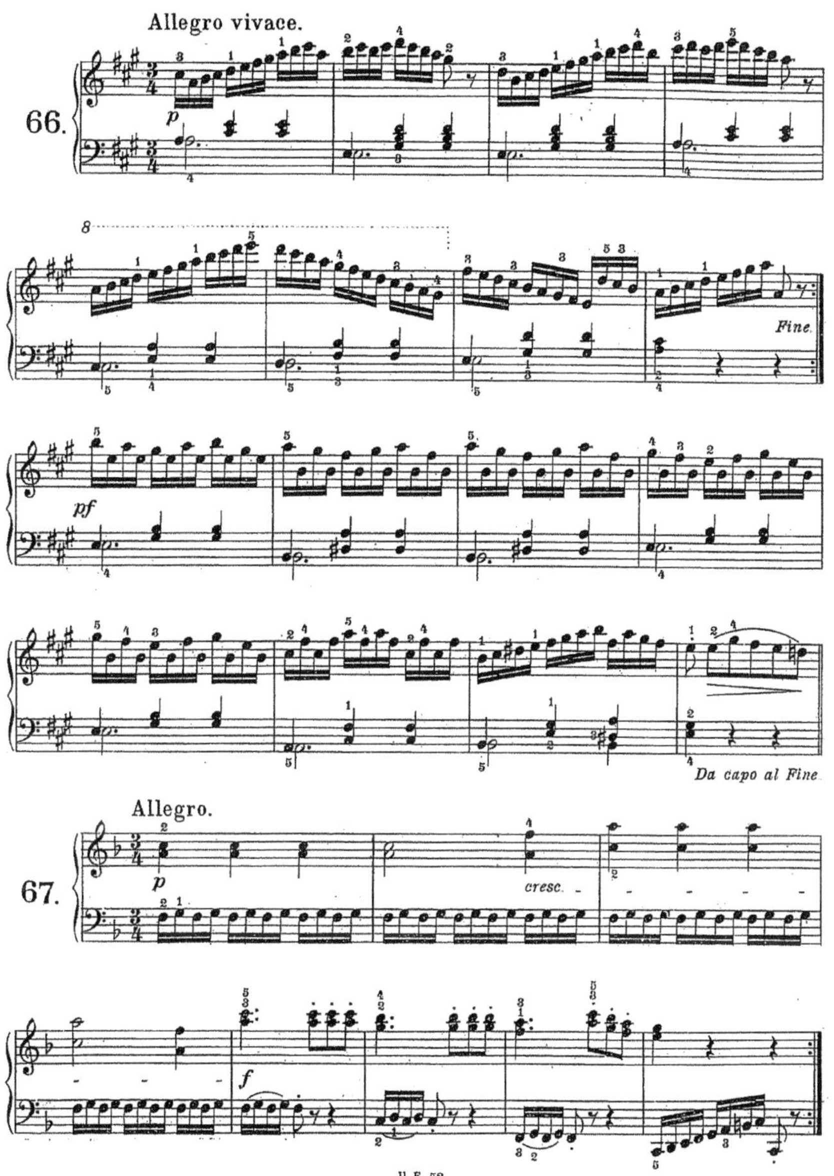
Allegro vivace.
66.
p
8
Fine.
pf
Da capo al Fine
Allegro.
67.
p
cresc.
f

U. E. 52.

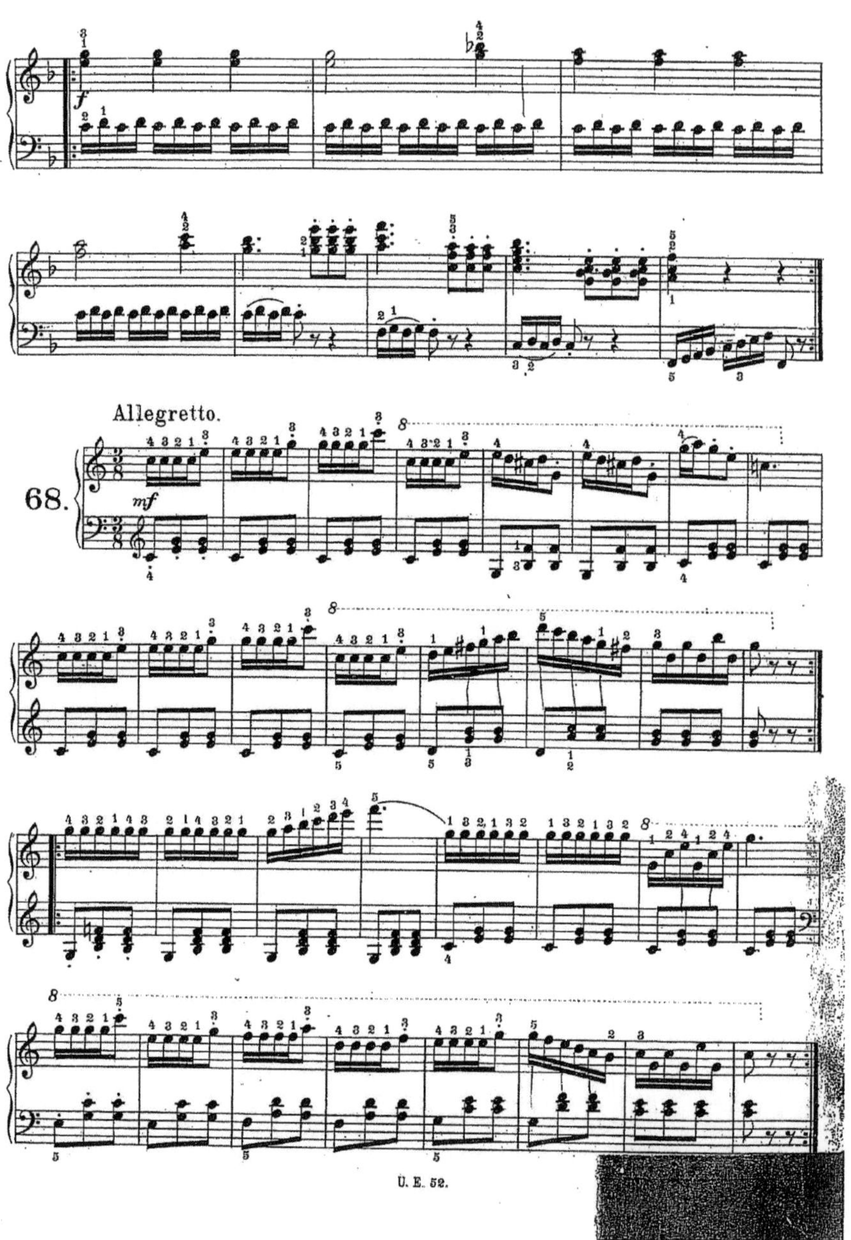


Ü. E. 52.

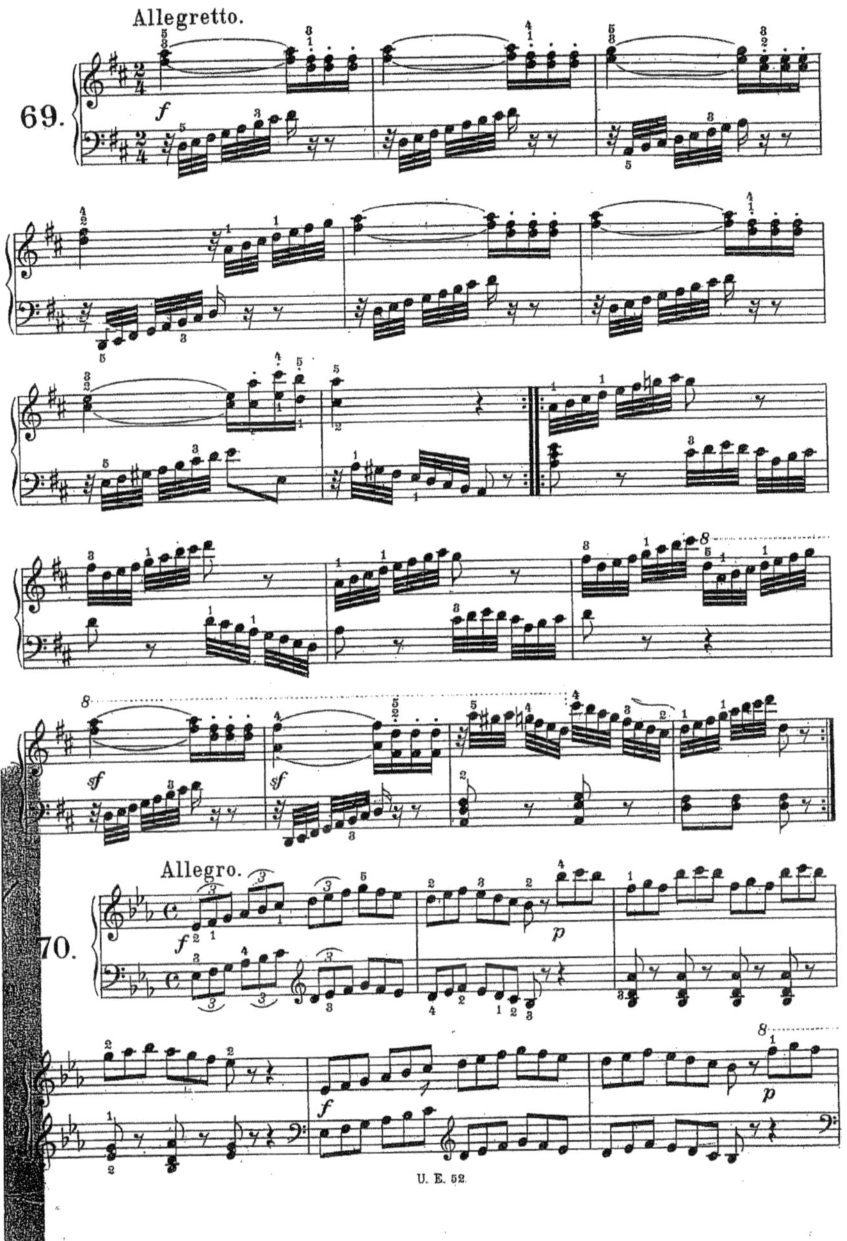
Allegretto.
69.
Allegro.
70.
U. E. 52.

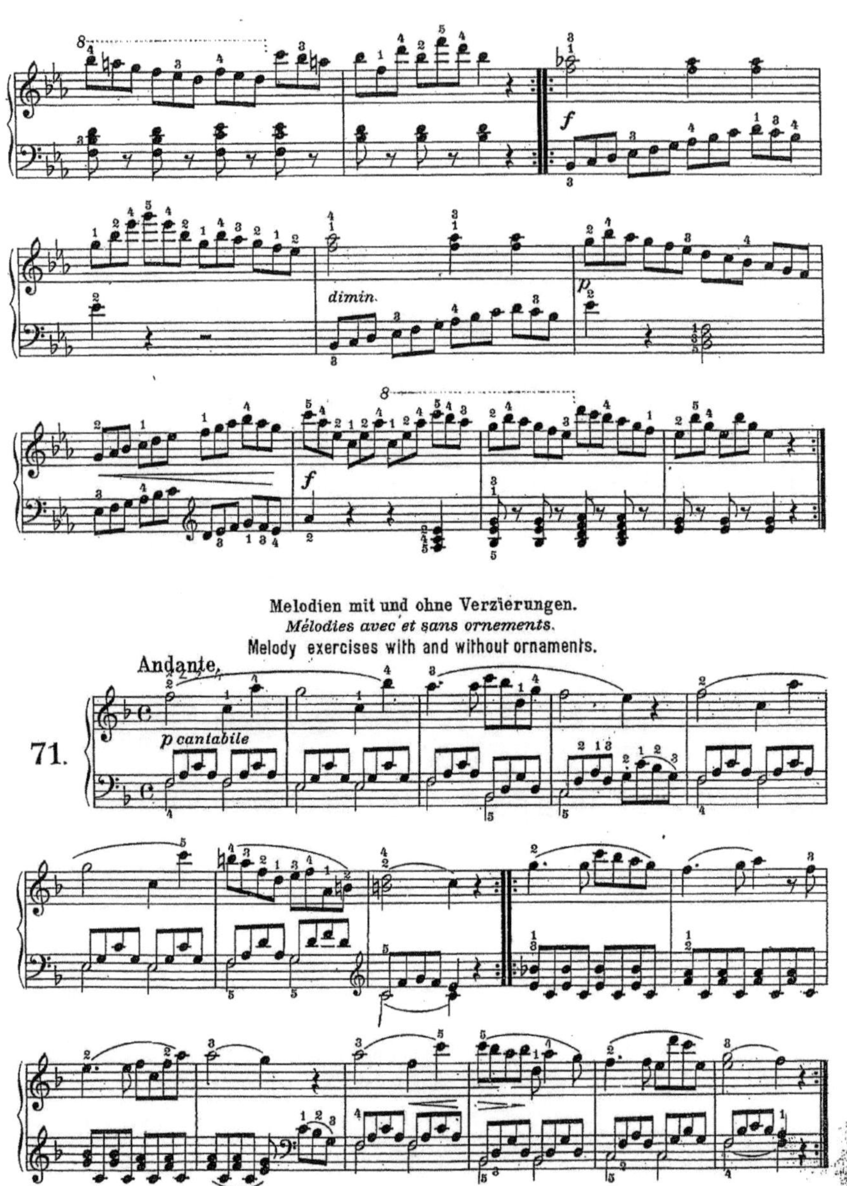

dimin.
Melodien mit und ohne Verzierungen.
Mélodies avec et sans ornements.
Melody exercises with and without ornaments.
Andante.
71.
p cantabile


U. E. 52.

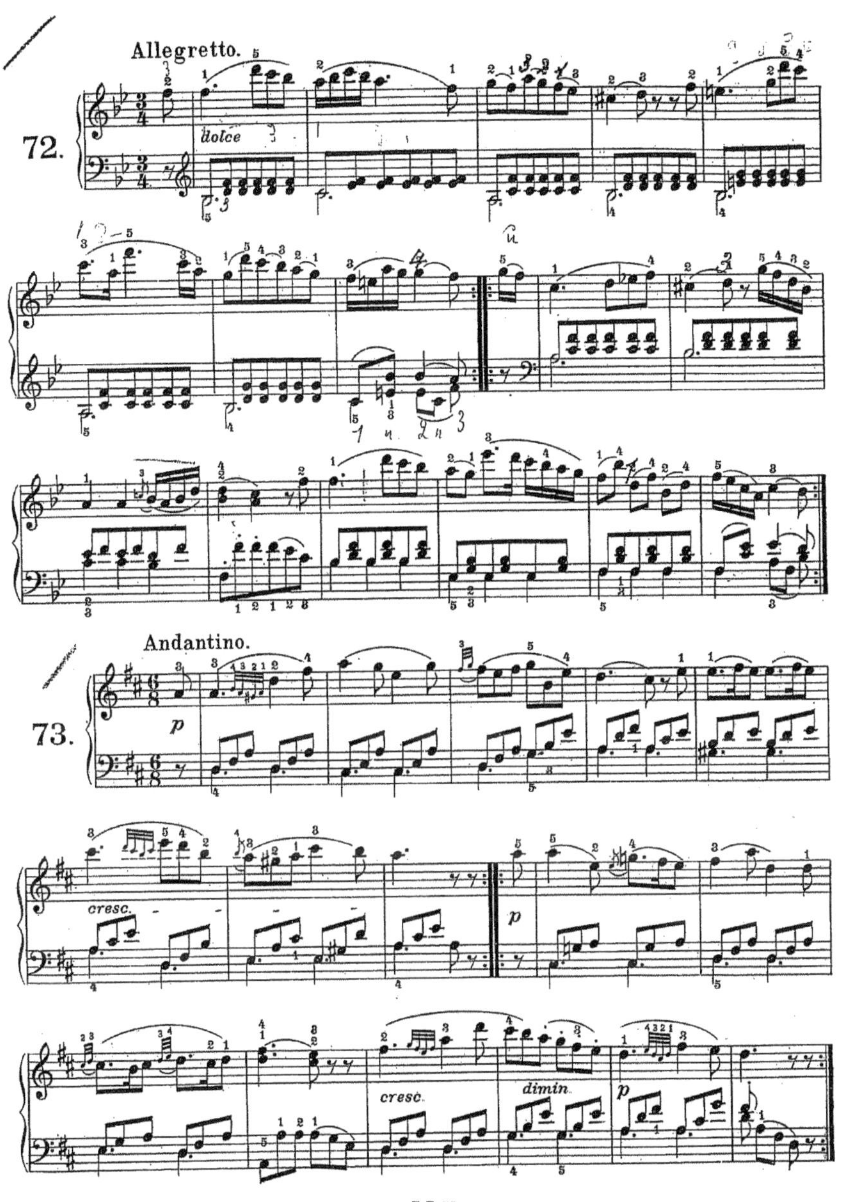


U. E. 52.

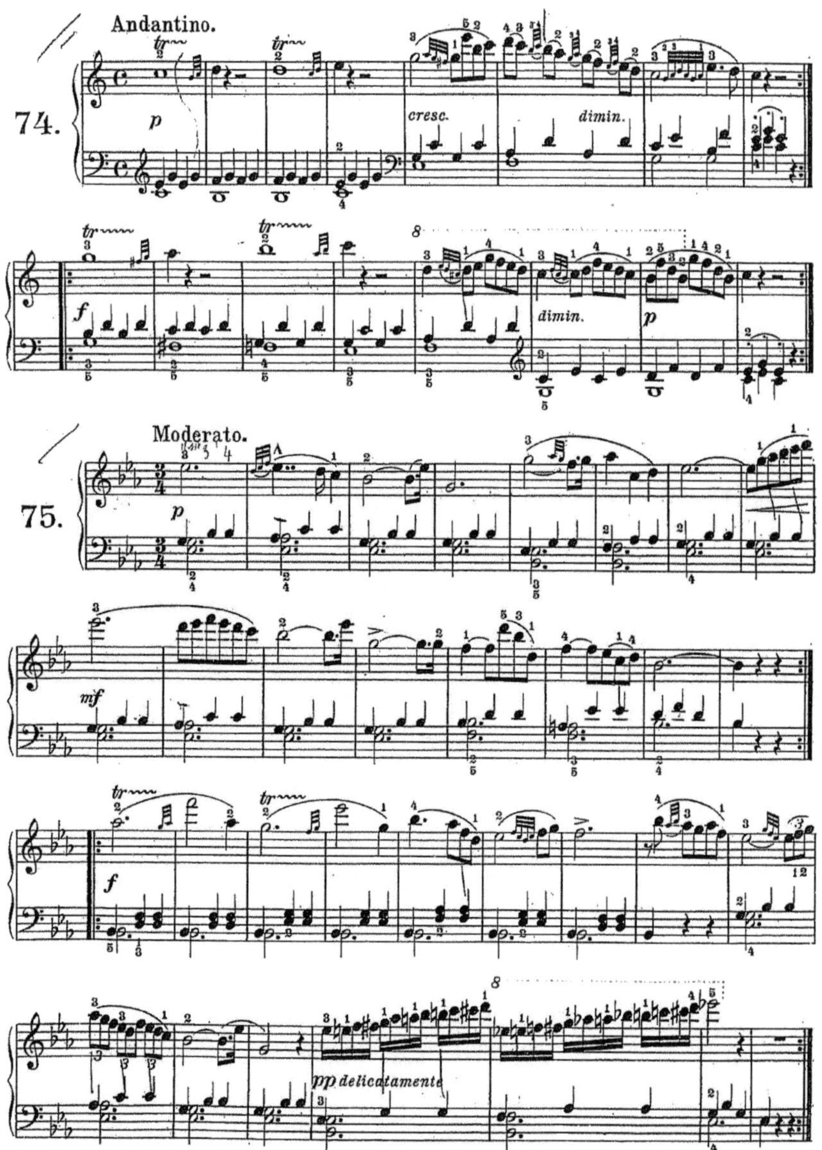
74.
Andantino.
tr
p
cresc.
dimin.
f
dimin.
p
75.
Moderato.
p
mf
f
pp delicatamente

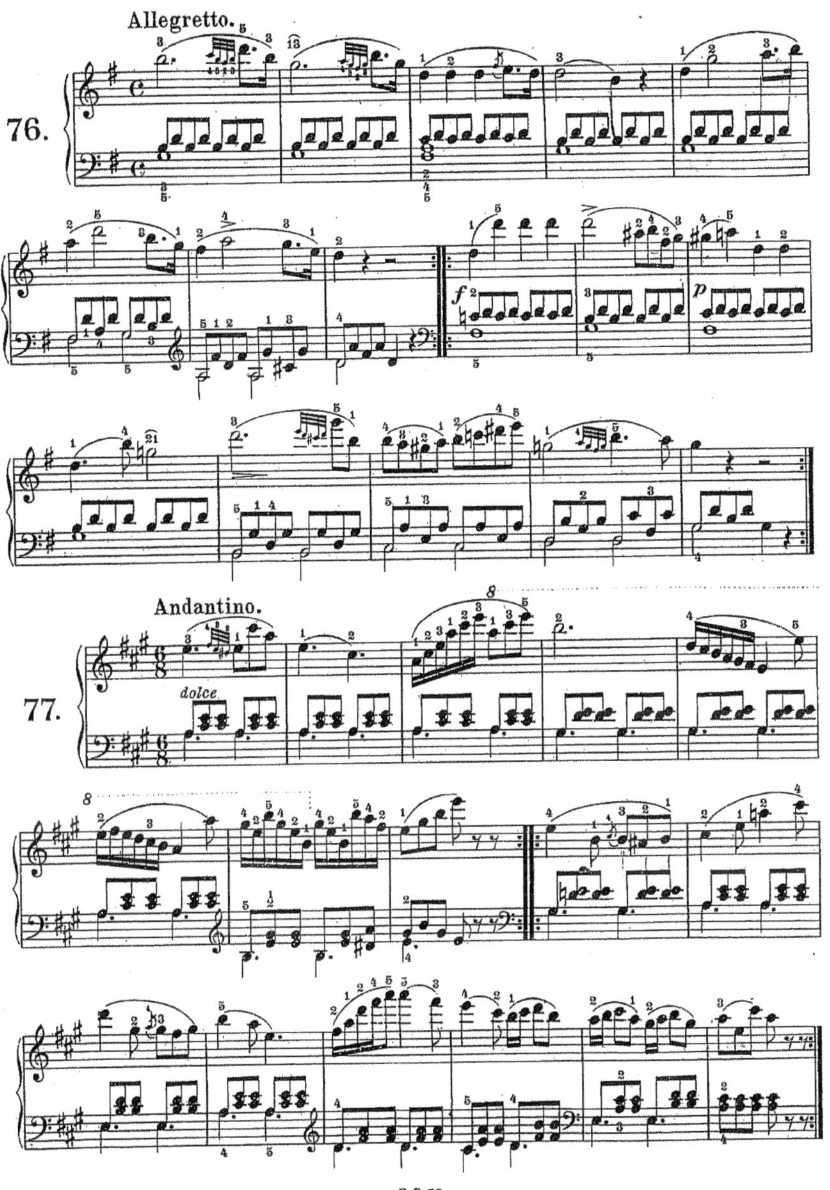


U. E. 52.

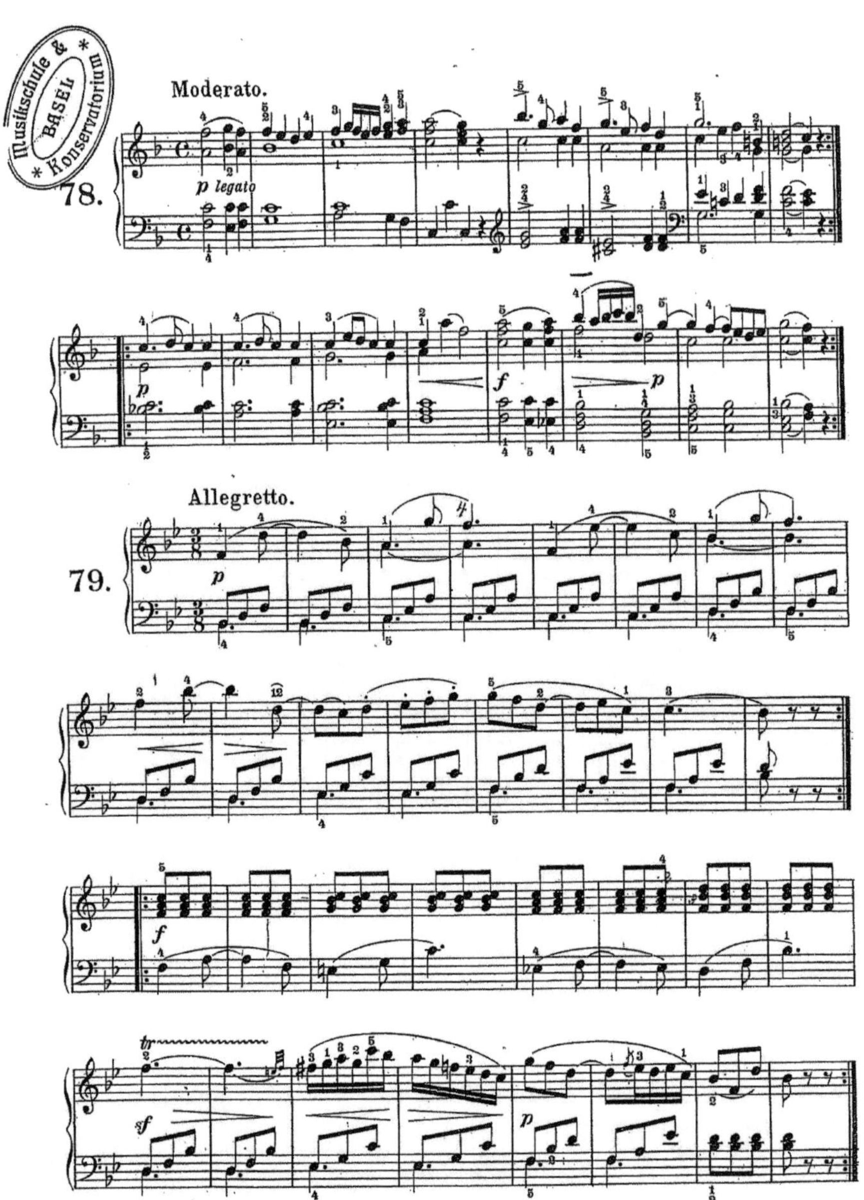


U. E. 52

80.

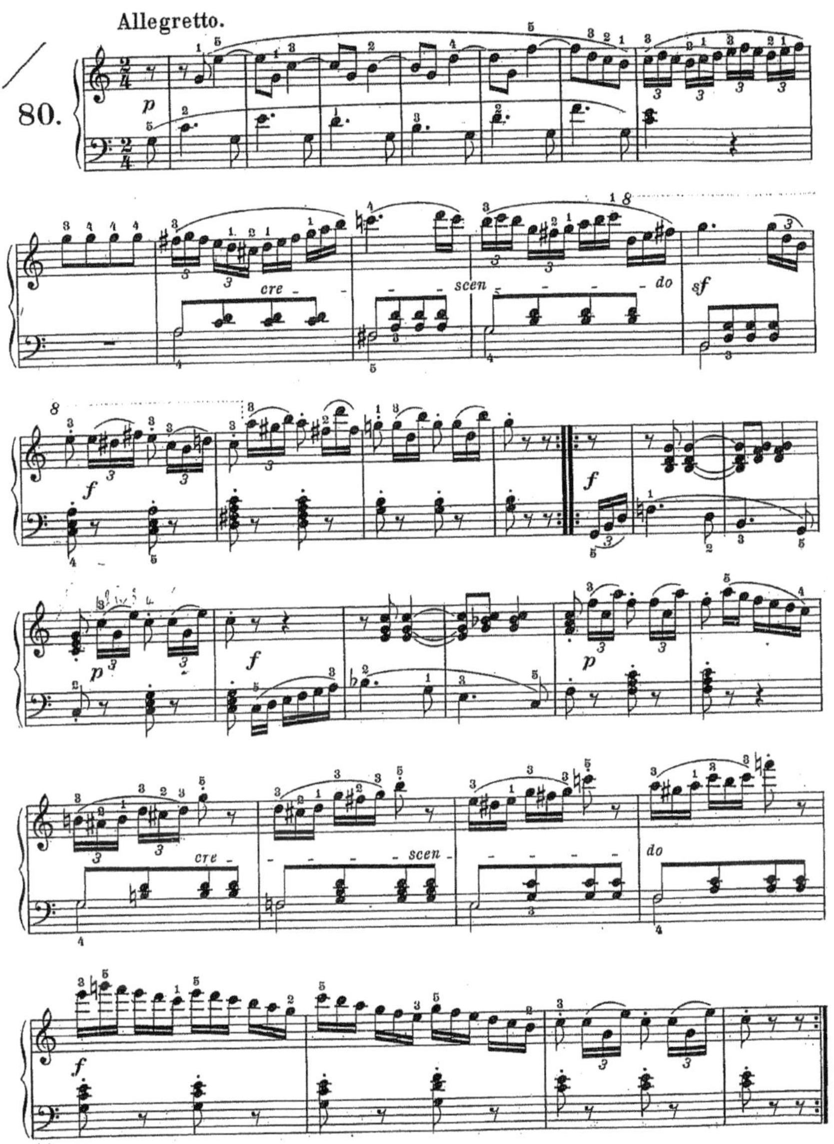


U. E. 52.

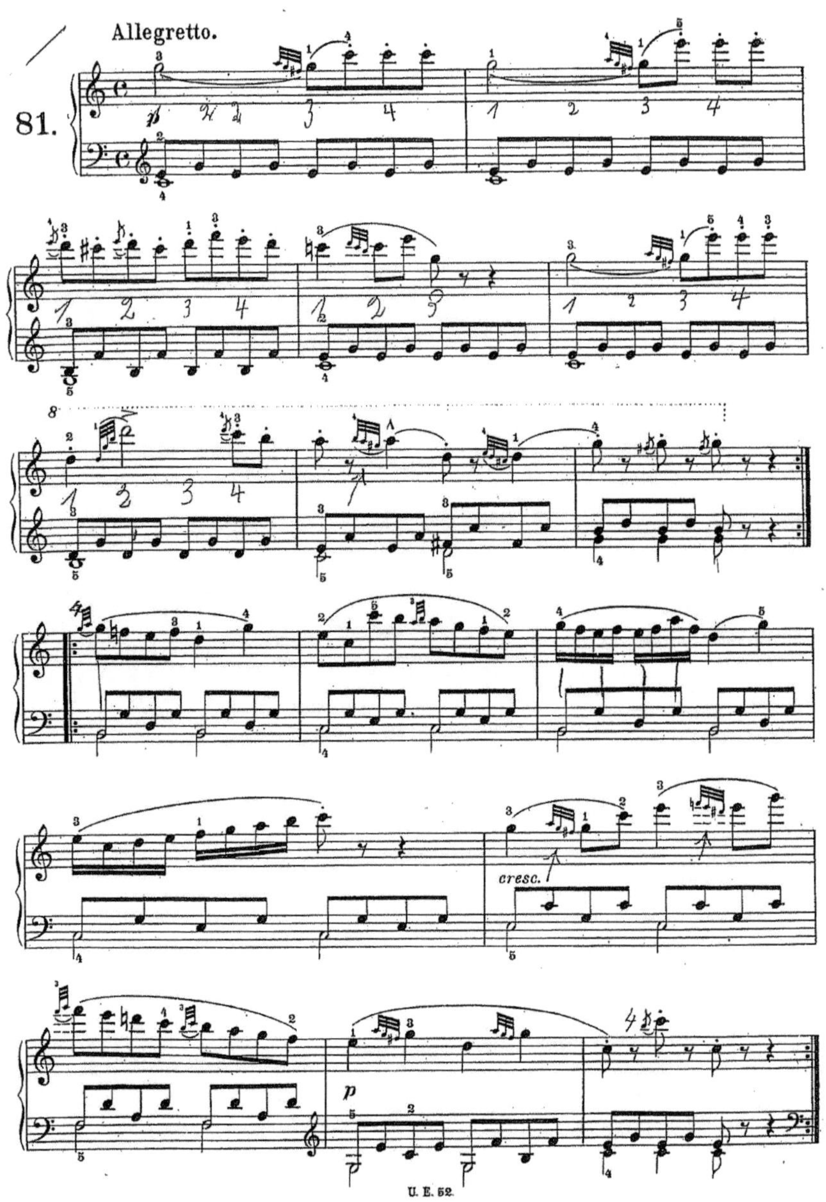
81.
Allegretto.
p
cresc.
p
U. E. 52

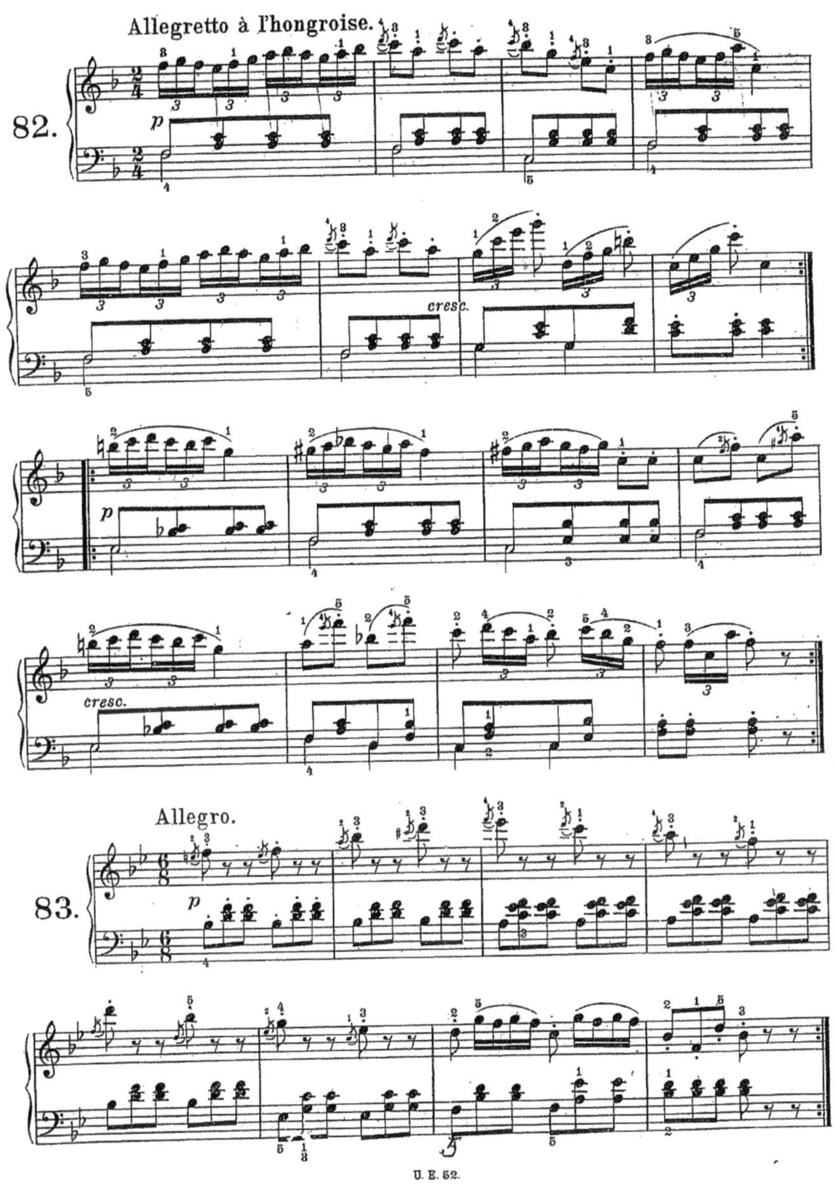
Allegretto à l'hongroise.
82.
p
cresc.
cresc.
Allegro.
83.
p
U. E. 52.

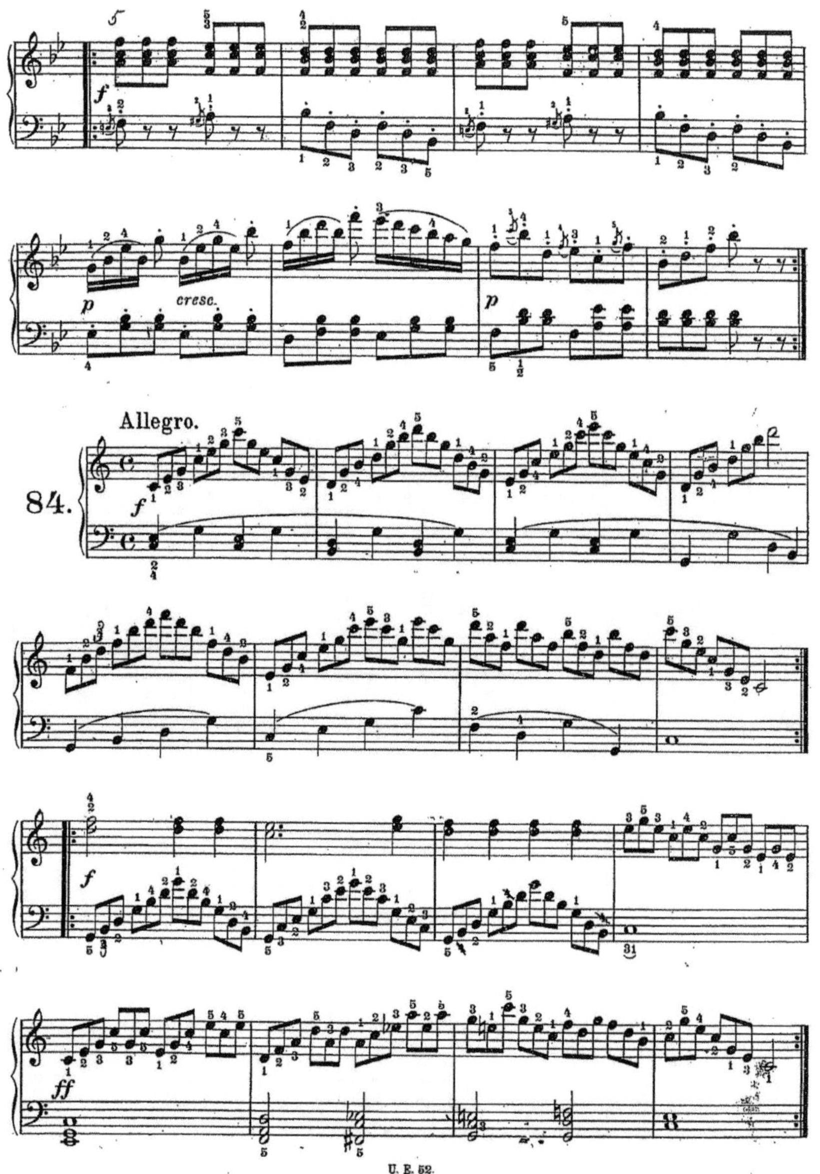


U. E. 52.

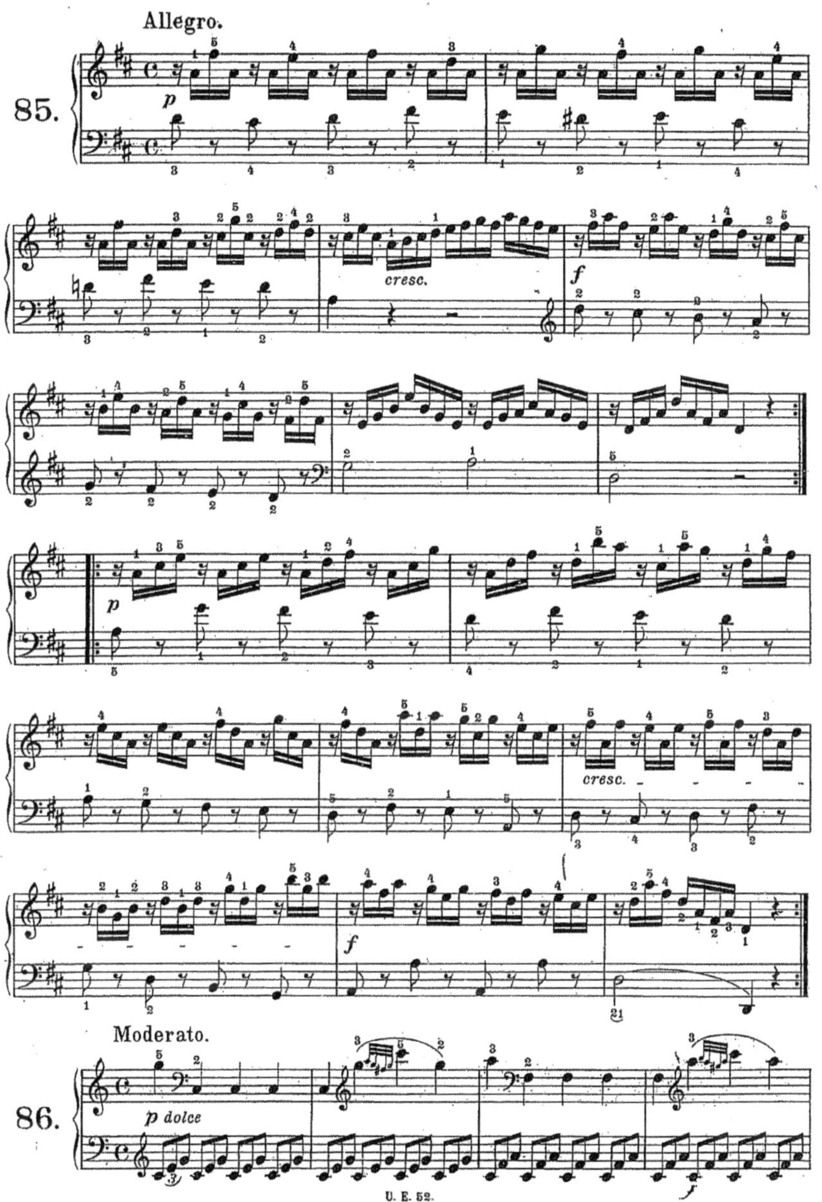
Allegro.
85.
p
cresc.
f
p
cresc.
f
Moderato.
86.
p dolce
f
U. E. 52.

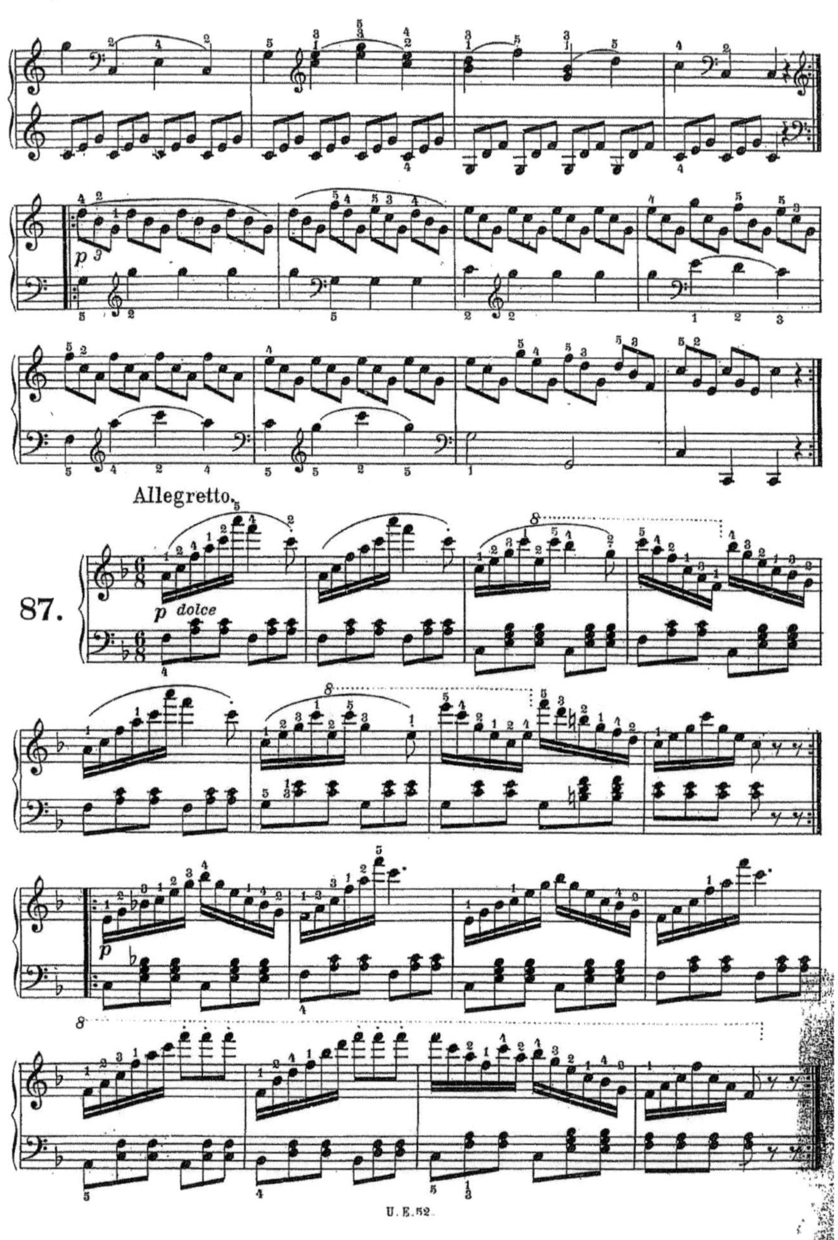
Allegretto.
87.
p dolce
U. E. 52

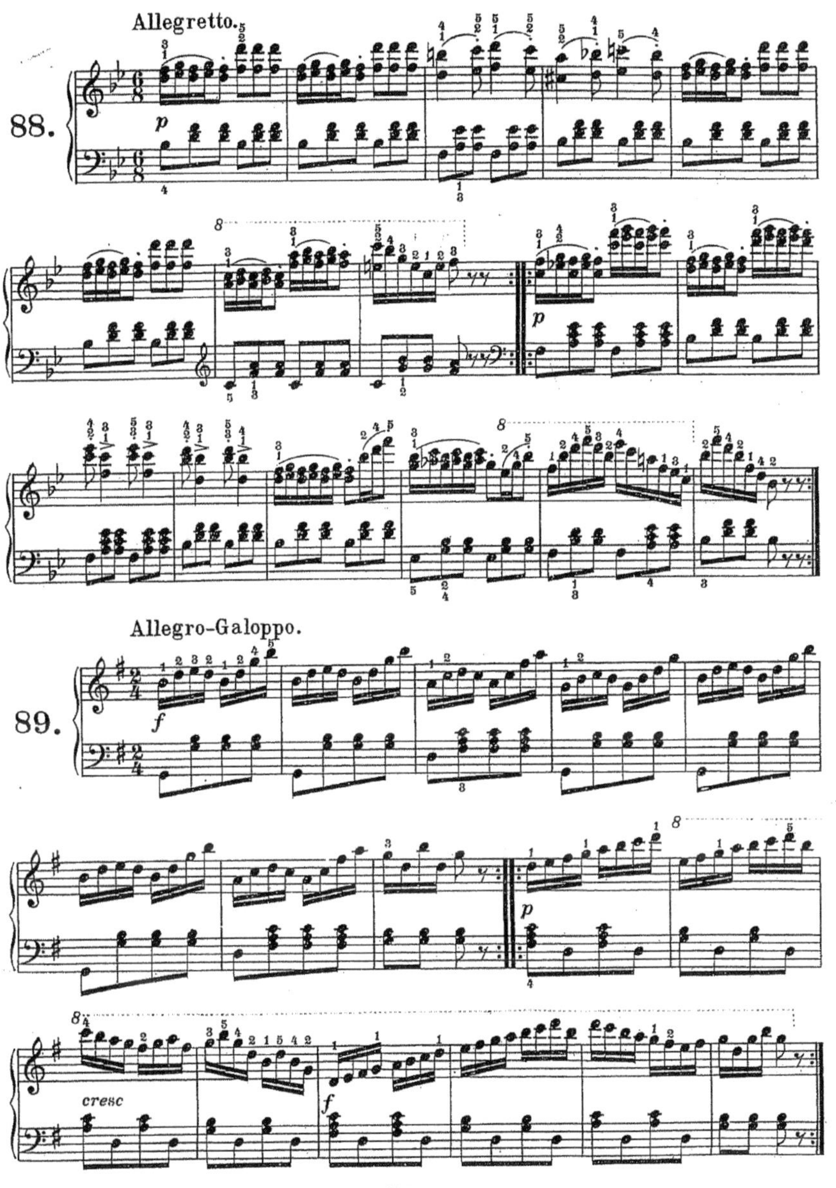
Allegretto.
88.
p
Allegro-Galoppo.
89.
f
p
cresc
f

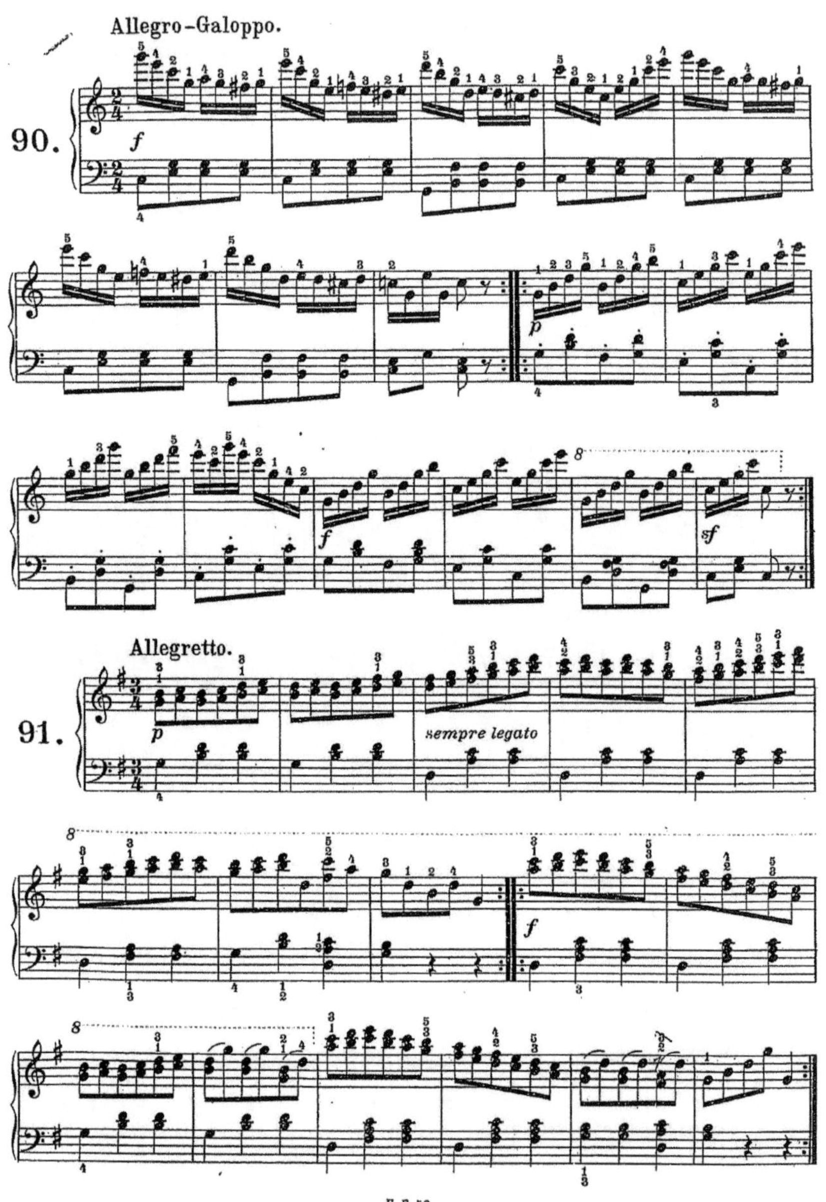
Allegro-Galoppo.
90.
Allegretto.
91.
sempre legato
U. E. 52.

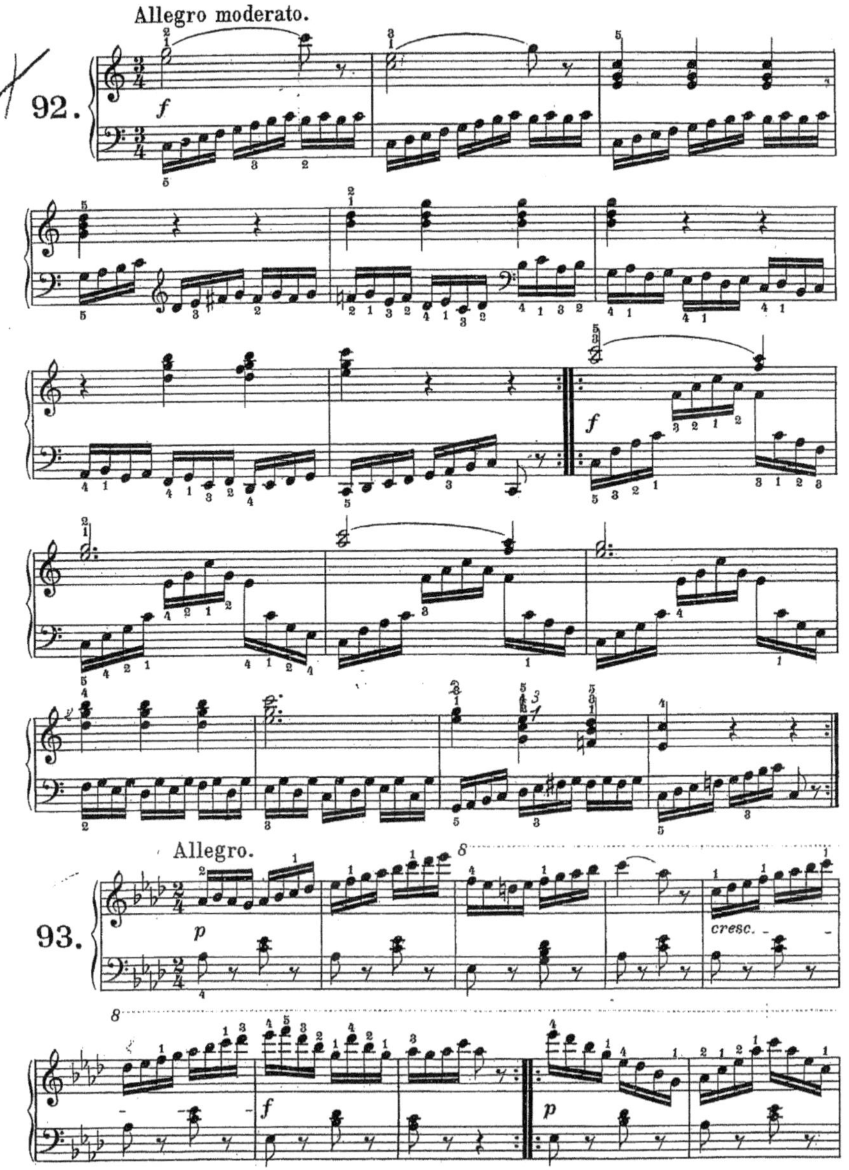
Allegro moderato.
92.
Allegro.
93.
cresc.

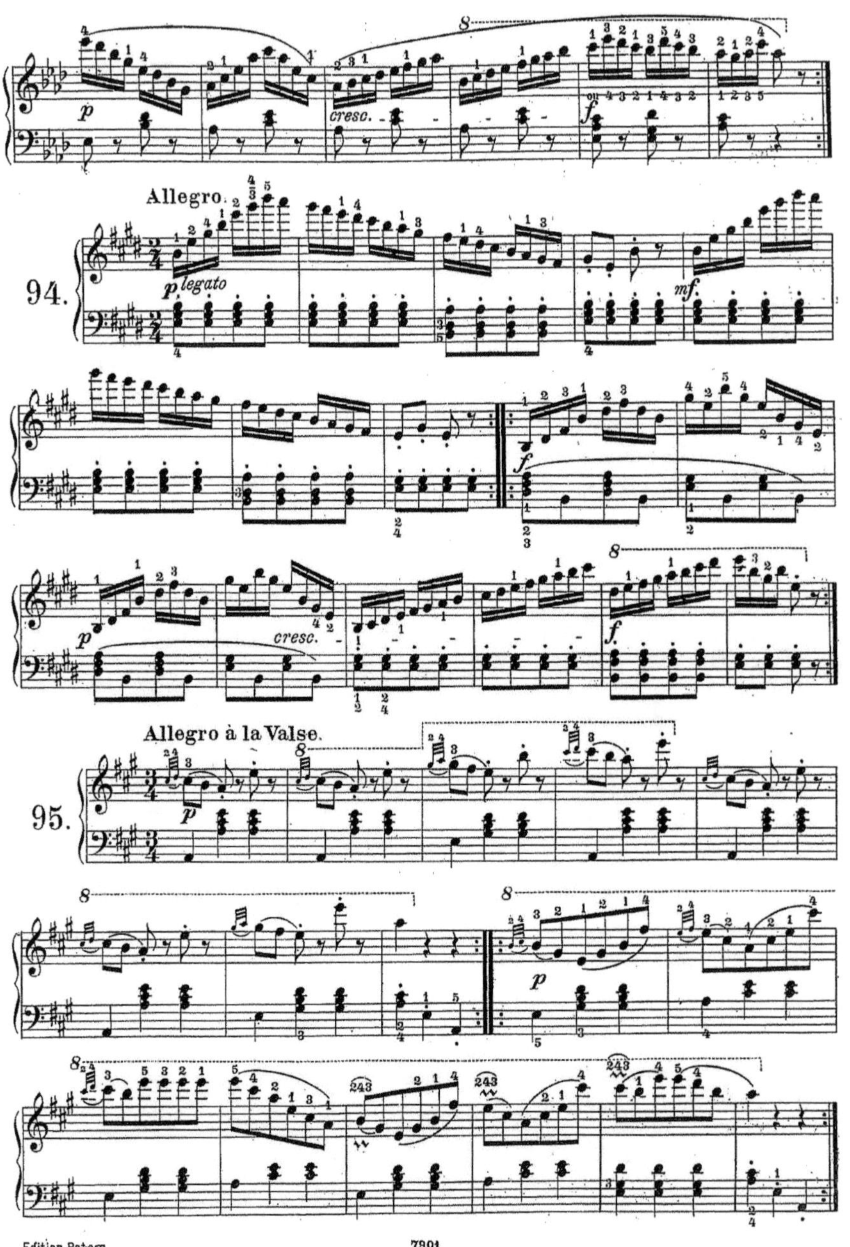
Allegro
94.
p legato
mf
cresc.
Allegro à la Valse
95.
p

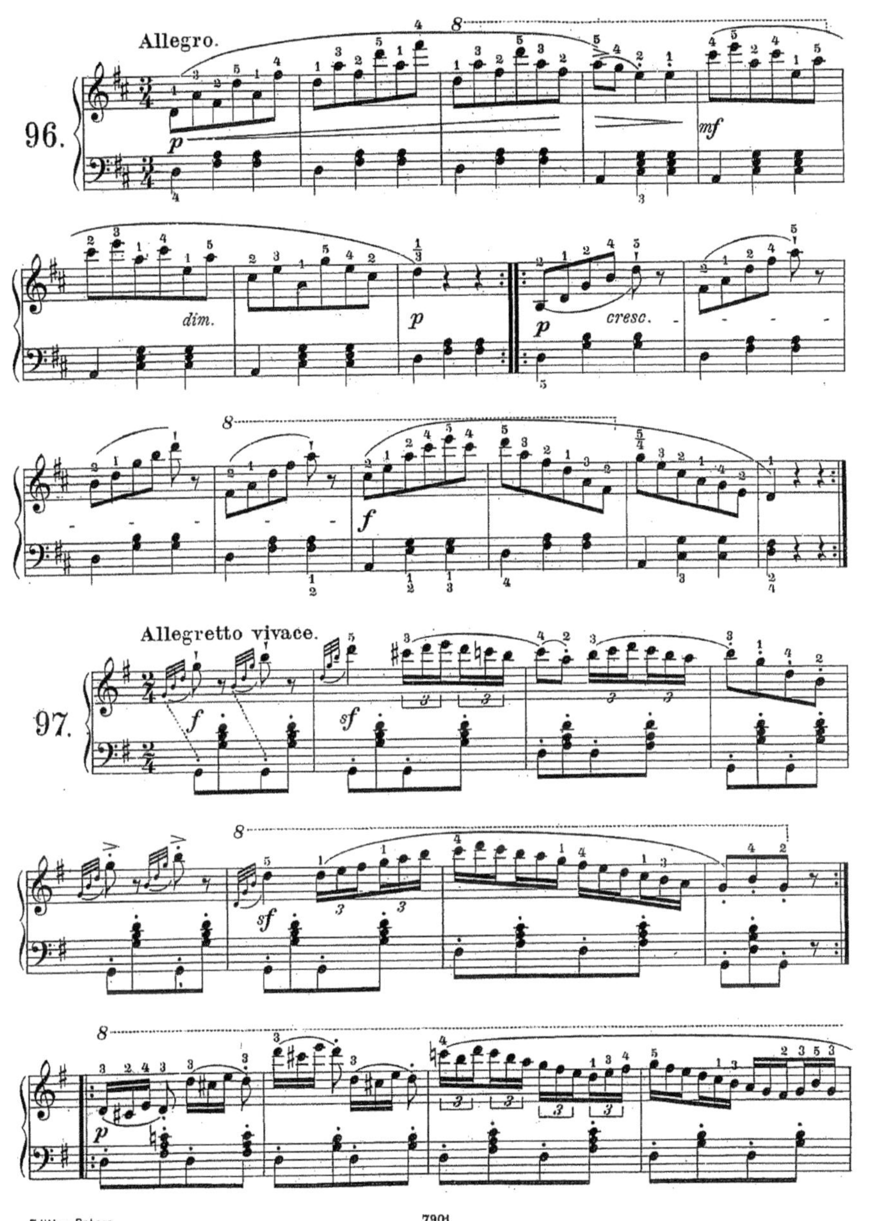
Allegro.
96.
p
mf
dim.
p
p
cresc.
f
Allegretto vivace.
97.
f
sf
sf
p

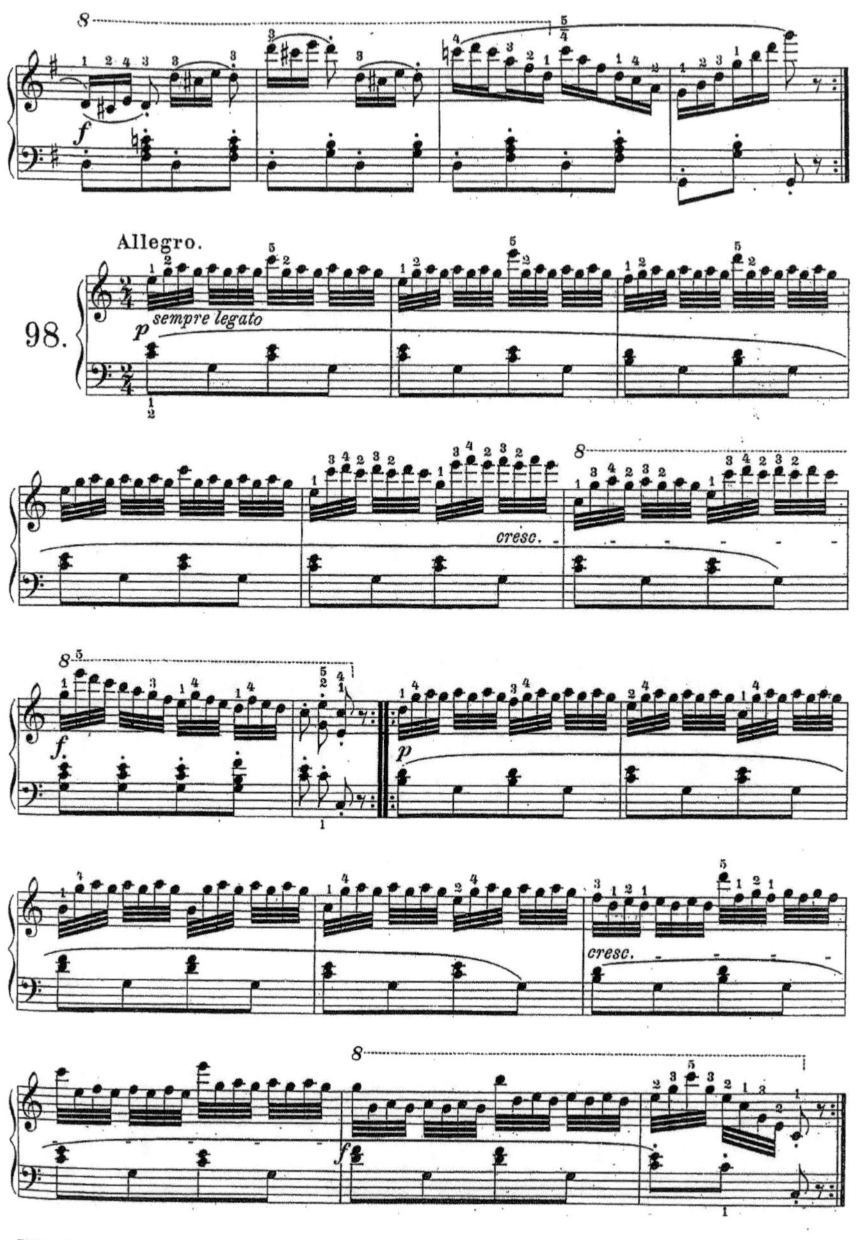
Allegro.
98.
sempre legato
cresc.
cresc.

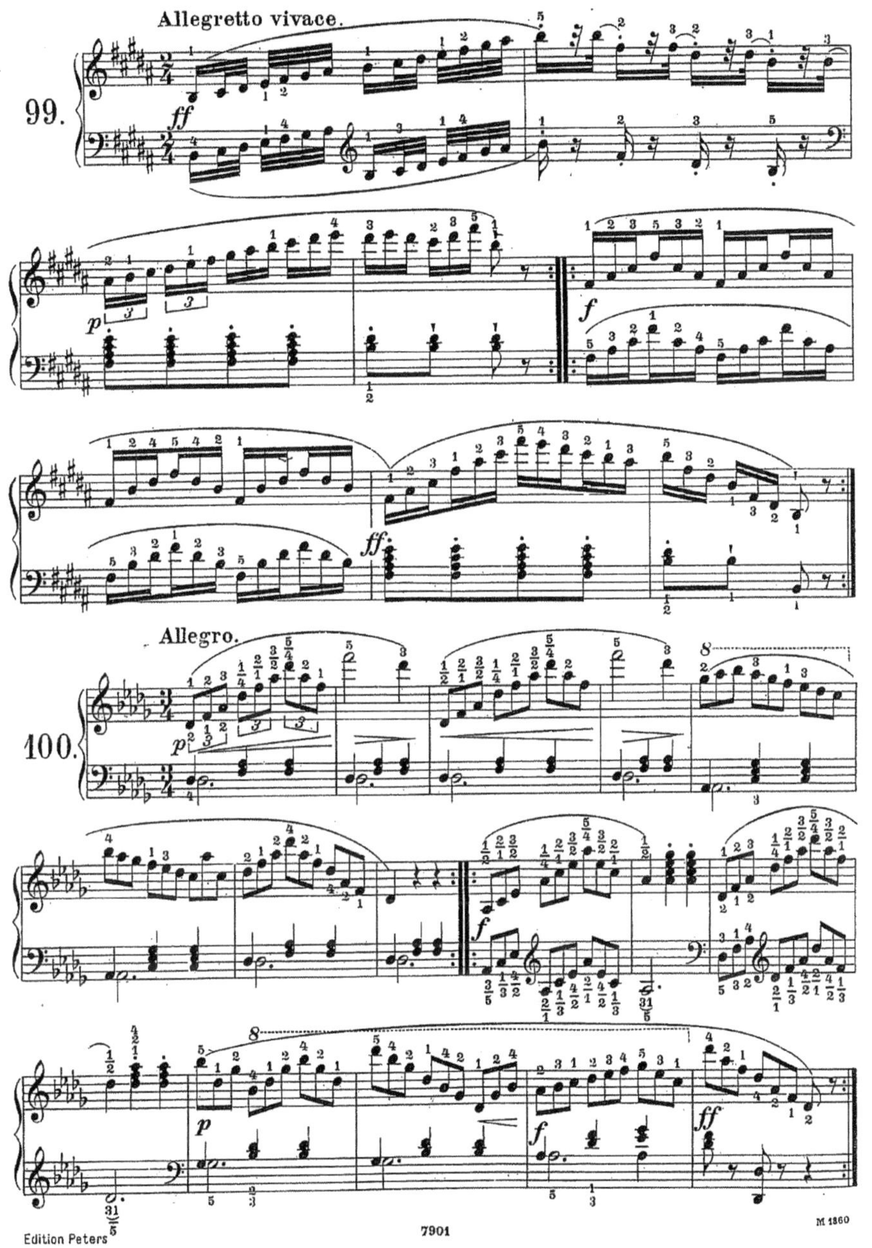
Allegretto vivace.
99.
Allegro.
100.
Edition Peters
7901
M 1860

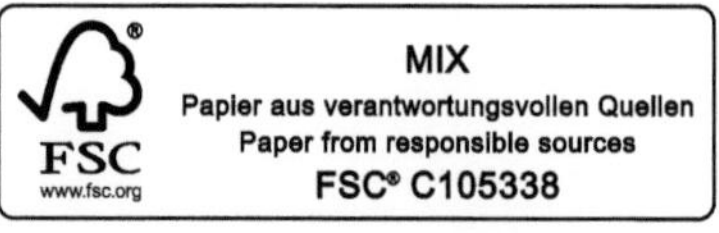


Printed by Books on Demand GmbH, Norderstedt / Germany